CD3枚付き

海外からのゲストを日本に迎える英語表現集

English Phrases for Welcoming Guests to Japan

石津奈々
Nana Ishizu

CD BOOK

ベレ出版

はじめに

Welcome to this book! みなさん、この本にようこそ!

　ビジネスやホームステイで海外からお客さまを迎えることになり、「困った!どうやってもてなそう」と悩んだ経験はありませんか。この本は「ようこそ」から「さようなら」まで、お客さまを歓迎し、楽しく案内するための会話の本です。

　2年前のことです。ハワイから私の友人がバケーションで日本にやってきました。彼女は生まれも育ちもハワイの日系4世のアメリカ人。当時22歳でした。彼女は私の地元である鎌倉に遊びに来てくれました。

　私は鎌倉の観光名所である鶴岡八幡宮や大仏に案内すればいいと気楽に考え、当日ガイドブックを片手に八幡宮に行きました。ところが、境内をしばらく歩いたところで、彼女に「あれは何ですか」としめ縄について訊かれたのです。何と答えていいのかわからず、困ってしまいました。"That's *shimenawa*. You see them at shrines.（あれはしめ縄です。神社で見かけます。）"と言うのが精一杯で、しめ縄が実際に何なのか、何のためにあるのか、クリアに説明することができませんでした。正直なところ、あまりにも見慣れているものであったため、あえてしめ縄を話題にしようとは考えもしなかったのです。

　結局、私のガイドは、八幡宮の歴史を大まかになぞるだけの表面的な説明で終わりました。せっかく友達が日本に来たのに、もう二度と日本に来ることはないかもしれないのに、私はその場所の魅力を100%伝えることはできませんでした。恥ずかしいと思いました。そしてそのことが残念でした。

　その反省をもとに書いたのがこの本です。海外からいらした方に日本で充実したひとときを過ごしてもらえるよう、日本人として、しっかりと話ができるようになりたい。そんな思いからこの本は生まれました。

　本書には3つの特徴があります。
　1.日本についての本です。解説は「話す」ということを前提に、実践的

な表現を中心にまとめました。トピックも外国人が興味を持ちそうな話題、そして私たちが日常的に親しんでいる身近な題材を選び、日本についての基本的な情報をシンプルな語りで提供します。

2. 街案内をするときに活用できる便利なガイドブックです。例えば神社や寺に案内する、おみやげを見る、食事をするなど、現場に密着した具体的な表現を盛り込み、楽しくガイドができるように工夫しました。

3. 心の交流の橋渡しをする本です。外国人と接するとき、一方的に日本についてのレクチャーをするわけではありません。会話とは自分について話したり、相手の国についてたずねたりしながらはずませるものです。この本は相手と語り合い、コミュニケーションをはかるための表現を紹介します。

　日本的なことを話そうと気負うことはありません。ちょっと立ち止まって身のまわりのものをじっくりと見てください。「日本」は私たちの日常生活にいっぱいあります。その中からキラリとした一言が言えたとき、何気ない風景が、記憶に残る風景として、迎えられる人の心に刻まれるのです。

　この本はたくさんの方々の好意・熱意・誠意に支えられながら誕生しました。ボランティアガイドの松倉煐子さん、着物コーディネーターの保田久美子さん、鎌倉市・海光堂の宮下陽子さん、通訳の加藤美恵さん、ツアーコーディネーターの石橋京子さん、よろい寿司スタッフのみなさん。お忙しい中、快く取材に応じていただきましてありがとうございました。そして外国人としてフレッシュな視点を提供してくれた石津ジュディスさん、書くパワーとエネルギーを与え続けてくれた三輪京子さん、穂坂陽子さん、高野恭典さん、湯浅一彦さん。どうもありがとうございました。ここに感謝の意を表します。

　海外からのゲストとの楽しい思い出作りに、この本が役に立ちますよう、願いをこめて。

石津　奈々

C O N T E N T S

【第 1 部】歓迎する　Welcoming

Chapter 1　空港からホテルまで
From the Airport to the Hotel

Chapter2　自宅に迎える
Welcome to Your Home

Chapter3　予定をたてる・待ち合わせをする
Making Plans and Setting Dates

【第2部】日本について　About Japan

Chapter1　日本を紹介するトピックス
Topics on Japan

Chapter2　日本の四季と年中行事
Seasons and Japanese Annual Events

Chapter3　通貨・電話・風呂・トイレについて
Currency, Telephoning, How to Use the Bath and Toilet

【第3部】案内する　Showing Guests Around
Chapter1　交通機関を利用する
Using Public Transportation

Chapter2　街を歩く
Walking Around Town

Chapter3 神社・寺に案内する
Taking Guests to Shrines and Temples

Chapter4　買い物をする・おみやげを選ぶ
Shopping and Buying Souvenirs

Chapter5　レストランに行く・食事を楽しむ
Going to Restaurants and Enjoying Meals

Chapter6 カラオケに行く
Going to Karaoke

【第4部】　コミュニケーション Communication

Chapter 1　相手と知り合う・語り合う
Getting to Know Each Other

Chapter2　気づかいのフレーズ
Making Sure that the Guests are Comfortable

Chapter3　会話のSOS
When You Have Trouble Communicating

【第5部】 見送る　Saying Good-Bye

Chapter1　空港まで送る
Seeing Guests Off at the Airport

Chapter2　旅をふり返る・別れのあいさつ
Reflecting on the Trip and Saying Good-Bye

 第1部 **歓迎する**

空港からホテルまで

From the Airport to the Hotel

 歓迎の言葉 ・・・・・・・・・・・・・・・・・・・・・ ◎ DISK 1　TRACK 1

　出迎えたり歓迎するのが、「私」一人である場合、主語は I になります。
一人で迎えに行っても、会社・団体・家族を代表して出迎えるときは、
We を使います。家族や友人など、複数人数で迎えるときも We を使い
ます。

日本へようこそ！	Welcome to Japan!
心より歓迎します。	We are delighted to have you here.
ようこそいらっしゃいました。	It's our pleasure to have you here.
お越しいただけてよかったです。	We are glad that you could come.
遠いところはるばるよくお出でくださいました。	Thank you for coming all the way.
お迎えできて嬉しいです。	I'm happy to have you here.
日本滞在が楽しいものになるように願っています。	Hope you enjoy your stay in Japan.

② 初対面の人を迎える ･･････････ ◎ DISK 1 TRACK 2

初対面の人を迎えるとき、相手の名前を書いたサイン（"Welcome Mr. Johnson!"）を持って待つことがあります。そのサインを見て相手が近づいてきたら、以下のフレーズを使って相手を確認し、歓迎しましょう。

相手を確認する

マイケル・ジョーンズさんですか。	Excuse me, are you Mr. Michael Jones?
ゼネラル・グラフィックス社のフォードさんですか。	Are you Mr. Ford from General Graphics?
文化交流プログラムのためにいらしたジュリーさんですか。	Are you Julie for the cultural exchange program?
ホームステイをするためにいらしたケビンさんですか。	Are you Kevin for the homestay program?
真紀子の友達のカレンさんですか。	Are you Makiko's friend, Karen?
こんにちは。サンドラ・ライアンさんですね。	Hello. You must be Ms. Sandra Ryan.

初対面の人とのあいさつ

こんにちは。	Hello.
はじめまして。	How do you do?
お会いできて嬉しいです。	Nice to meet you. /I'm happy to meet you. /I'm glad to meet you. /Pleased to meet you.

お会いできて光栄です。	It's a pleasure to meet you.
会えるのを楽しみにしていました。	I was looking forward to meeting you.
本日はお迎えにあがりました。	I'm here to meet you today.

簡単な自己紹介

私は山下美佐子と申します。	My name is Misako Yamashita.
吉田豊と申します。	I'm Yutaka Yoshida.
私はサトウ電気の鈴木雅夫です。	I'm Masao Suzuki from Sato Electronics.
私は文化交流プログラムの中村美香と申します。	I'm Mika Nakamura from the cultural exchange program.
この企画を担当しています。	I'm in charge of this project.
このプログラムのコーディネーターです。	I'm the coordinator of this program.
一緒に仕事をするのを楽しみにしていました。	I've been looking forward to working with you.
日本滞在中は私がお世話させていただきます。	I'll be assisting you while you're in Japan.

ペンフレンド・E メールフレンドを迎える

いつも手紙をありがとう。	Thank you for your letters.
いつも E メールをありがとう。	Thank you for your e-mail.
いつも楽しく手紙 / E メールを読んでいます。	I always enjoy reading your letters/e-mail.

ずっと会いたいと思っていました。	I've been wanting to meet you.
ようやく会えて嬉しいです。	I'm so happy that we could finally meet.
初対面のような気がしません。	It seems like we've already known each other.

③ 人と再会する ⬤ DISK 1　TRACK 3

一般的なあいさつ

こんにちは。	Hello.
元気ですか。	How are you?
元気でしたか。	How have you been?
お久しぶりです。	<u>Long time no see.</u> /It's been a long time.

再会を喜ぶ

元気そうですね！	You look great! /You look fine!
また会えて嬉しいです。	It's good to see you again.
ちっとも変わっていませんね。	You haven't changed at all.
変わりましたね。	You've changed.
大人っぽくなりましたね。	You've grown up.
きれいになりましたね。	You look beautiful.

最後に会ったのはいつでしたか。	When was the last time we saw each other?
三年ぶりぐらいになりますか。	It's been almost three years.
最後に会ったのは一年前です。	It's been a year since we last met.
おかげさまで私は元気です。	I'm fine, thank you.
つもる話はあとでゆっくりしましょう。	We have so much to catch up with.

仕事関係者

日本では以前会った人を迎える場合、「その節はお世話になりました」と言うことがありますが、外国人は昔のことは終わったこととして、あいさつには用いません。過ぎたことに対して繰り返しお礼を言うと、不自然に聞こえますので注意しましょう。

また一緒に仕事ができて嬉しいです。	I'm happy to work with you again.
あなたとはいつも楽しく仕事をさせていただいています。	I always enjoy working with you.
以前いらしたときにお会いしました。	We met when you were here before.
以前一緒に仕事をさせていただきました。	We worked together before.

④ 飛行機の発着・入国審査についてのコメント … ⊚ DISK 1 TRACK 4

飛行機は定刻通りに着きましたね。	The plane arrived on time, didn't it?
飛行機は 30 分ぐらい遅れましたね。	The plane arrived about thirty minutes late.
飛行機はどうして遅れたのですか。	Why was the flight delayed?
入国審査はすぐ済みましたか。	Did the immigration procedure go smoothly?
荷物はすぐ出てきましたか。	Were you able to get your luggage right away?
あなたはすぐ出てこられましたね。	You came out pretty fast.
出てくるまで時間がかかりましたね。	You took a while to come out.
何かあったのですか。	Did anything happen?

⑤ 空港を出る …………………… ⊚ DISK 1 TRACK 5

空港を出る前に確認：荷物・お手洗い

荷物はこれだけですか。	Is this all your luggage?
荷物をお持ちしましょう。	Let me help you with the luggage.
このかばんは私が持ちましょう。	I'll carry this bag.
ホテルまで長い道のりです。	It'll be a long ride to the hotel.

お手洗いに行かなくて大丈夫ですか。	Do you want to use the bathroom?
荷物は私が見ています。	I'll watch the luggage.
エスカレーターで地下へ降ります。	We'll take the escalator to the basement floor.
エスカレーターはこちらです。	The escalator is this way.

空港を出てからの予定を説明する

ホテルに向かいます。	We'll go to the hotel.
会社 / 学校に向かいます。	We'll go to the office/school.
会社に寄ってからホテルに向かいます。	We'll first go to the office, and then go to the hotel.
まっすぐ家に向かいます。	We'll go directly to our place.
ホストファミリー宅にお連れします。	I'll take you to your host family's house.
滞在先にお連れします。	I'll take you to where you'll be staying.

6 宿泊先までのアクセスを説明する ··· ◎ DISK 1 TRACK 6

電車

電車で行きます。	We'll go by train.
ここから電車に乗ります。	We'll take the train from here.
急行に乗ります。	We'll take the express train.

ホテルへは電車とタクシーで行きます。	We'll take a train and a taxi to the hotel.
ホテルまで電車と地下鉄で行きます。	We'll take the train and the subway to the hotel.
電車で新宿まで行きます。	We'll take the train to Shinjuku.
急行で横浜まで行きます。	We'll take the Express train to Yokohama.
駅からタクシーに乗ります。	We'll take a taxi from the station.

バス・タクシー

バス / タクシーで行きます。	We'll go by bus/taxi.
ここからリムジンバスに乗ります。	We'll take the limousine bus from here.
バスで東京まで行きます。	We'll go to Tokyo by bus.
バス乗り場は出口を出たところです。	The bus stop is right outside the exit.
すぐそこからタクシーに乗れます。	We can get on a taxi right there.

車

車で行きます。	We'll go by car.
駐車場はこちらです。	The parking is this way.
駐車場から車をとってきます。	I'll go and get the car.
ここで待っていてください。	Please wait here.
すぐ戻ります。	I'll be right back.

長く乗ります。	It's a long ride.
すぐ着きます。	It's a short ride.
電車でだいたい2時間です。	It takes about two hours by train.
バスでだいたい2時間です。	It takes about two hours by bus.
横浜まで1時間半です。	It's about an hour and a half to Yokohama.
向こうへは2時間半ほどで着きます。	We'll get there in about two and a half hours.
駅からはタクシーですぐです。	It's only a few minutes by taxi from the station.

7 乗り物に乗る前に ················· ◉ DISK 1　TRACK 7

※乗り物に乗る詳しい表現は「交通機関を利用する」の章を参照。

切符を渡す

切符を買ってきます。	I'll get the tickets.
ここで待っていてください。	Please wait here.
切符をどうぞ。	Here is your ticket.

乗り物の待ち時間

(電車 / バスが)もうすぐ来ます。	It'll come in a few minutes.
すぐ来ますので急ぎましょう。	It's coming so let's hurry.

今、行ったばかりです。	It just left.
この電車 / バスはいっぱいです。	This train/bus is full.
次の電車 / バスに乗りましょう。	We'll take the next train/bus.
だいぶ待たなくてはなりません。	We have to wait for a while.
15分ぐらい待ちます。	We have to wait about fifteen minutes.
そこで座って待ちましょう。	Let's sit and wait there.
そこに座っていてください。	Please sit and wait there.
荷物を見ていてください。	Please watch the luggage.
ここに並びます。	We stand in line here.

座席について

自由席です。	The seats are not reserved.
好きな席に座れます。	We can sit wherever we like.
指定席です。	The seats are reserved.
私たちの席はこちらです。	These are our seats.
席はリクライニングできません。	You can't recline your seat.
席はリクライニングできます。	You can recline your seat.
席を後ろに倒してリラックスしてください。	You can lean back and relax.

電車に乗る

ホームはこちらです。	The platform is this way.
2番線に乗ります。	We'll take the train from the number two platform.
指定席なので座れます。	We'll be able to sit down because it's a reserved seat.
始発なので座れます。	We'll be able to sit down because the train stops here first.
あの電車に乗ります。	That's our train.
さあ、乗りましょう。	Let's go.

車内で

荷物はここに置きます。 （荷物スペースを指しながら）	You can put your luggage here.
荷物置き場はありません。	There is no space for the luggage.
荷物は席の脇に置きます。	We have to take the luggage to our seats.
小さい荷物は網棚にのせられます。	You can put the smaller bags on the rack.

電車を降りる

次の駅で降ります。	We'll get off at the next stop.

荷物を下ろしましょう。	Let's take down the luggage.
ここで降ります。	We get off here.
気をつけてください。ホームとの間にすき間があります。	Be careful. There is a space between the platform.
改札まで少し歩きます。	We have to walk a little to the exit.
エスカレーターを使いましょう。	Let's take the escalator.
ここからタクシーに乗ります。	We'll take a taxi from here.
タクシー乗り場は改札を出たところにあります。	The taxi stand is right outside the exit.

9 バス・タクシー・車に乗る ……◉ DISK 1　TRACK 9

※高速道路・料金所についての表現は「交通機関を利用する」の章を参照。

バスに乗る

3番線に乗ります。	We'll take the number three bus.
私たちはこのバスではありません。	This is not our bus.
次のバスです。	We'll take the next bus.
荷物は外に出しておいてください。	Leave your luggage out.
係りの人がバスの荷物室に入れてくれます。	The bus porter will put them in the baggage section.
この荷物は車内に持ち込みますか。	Are you going to hand-carry this?

あのバスに乗ります。	That's our bus.
切符を見せてください。	Show him the ticket.
お先にどうぞ。 （手の平を上にして「どうぞ」 というしぐさをしながら）	After you.
荷物は上の棚にのせられます。	You can put the bags on the rack above.
もうすぐ着きます。	We're almost there.
荷物を降ろしましょうか。	Shall we take down the bags?
バスを降りたらタクシー乗り場まで歩きます。	We'll walk to the taxi stand after we get off the bus.

タクシー・車

荷物はトランクに入れます。	You can put your luggage in the trunk.
少し待ってください。	Please wait a second.
運転手にトランクを開けてもらいます。	The driver will open the trunk.
トランクを開けます。 （自分の車のトランクを開ける）	I'll open the trunk.
前／後ろに座ってください。	You can sit in the front/back.
よろしいですか。	Are you okay?
ドアを閉めます。	I'll close the door.

宿泊先までの道のり：渋滞の有無・ルート

道がすいていてよかったです。	I'm glad there is no traffic.
道が混んでいますね。	We hit a traffic jam.
この道はいつも混んでいます。	This road is always crowded.
この時間は道がすいています。	There is no traffic at this time of the day.
この時間はいつも渋滞しています。	There is always traffic at this time of the day.
渋滞を避けるために近道します。	I'll take a short cut to avoid the traffic jam.
高速で行きます。	I'll take the highway.
その方がすいていると思います。	It should have less traffic.
その方が早く着きます。	We'll get there faster.

10 旅の感想をたずねる・相手の感想に対する受け答え
.... ◎ DISK 1　TRACK 10

旅の感想をたずねる

フライトはどうでしたか。	How was the flight?
フライトは快適でしたか。	Was it comfortable?
飛行機は混んでいましたか。	Was it a full flight?
フライトは何時間でしたか。	How long was the flight?
接続はどうでしたか。	How was the connection?
飛行機では眠れましたか。	Were you able to sleep on the plane?

機内での時間をどうやって過ごしましたか。	What did you do on the plane?
機内食には何がでましたか。	What did they serve on the plane?
食事はおいしかったですか。	Was the food good?
映画はやっていましたか。	Did they show any movies?
何の映画でしたか。	What movie did they show?
窓際に座ったのですか。	Did you get a window seat?
通路側に座ったのですか。	Did you get an aisle seat?

肯定的な感想に対する受け答え

「旅はよかったです」という一般的な答え方には"It was good.（よかったです）""It was okay.（問題ありませんでした）""It was a good flight.（いいフライトでした）"などがあります。そのような肯定的な感想には、以下のフレーズで応じましょう。

それはよかったですね。	That's good. / I'm glad.
快適でよかったですね。	I'm happy to hear that.
眠れてよかったですね。	It was good that you were able to sleep.
話し相手がいてよかったですね。	It's good to have company.
私はいつも飛行機で寝ます。	I always sleep on the plane.
私は窓際を選びます。	I always choose the window seat.
私は通路側を選びます。	I always choose the aisle seat.

| 窓際のほうがゆっくりできます。 | The window seat is better because you can relax more. |
| 通路側のほうがお手洗いに行くとき、となりに座っている人に気をつかわなくていいので便利です。 | The aisle seat is more convenient because you can go to the bathroom without bothering the person next to you. |

否定的な感想に対する受け答え

　否定的な旅の感想には、"It was a long trip.（長い旅でした）" "It wasn't good.（よくなかったです）" "I couldn't sleep.（眠れませんでした）" "The plane shook.（飛行機が揺れました）"などがあります。否定的な感想に対しては、以下のフレーズで応えましょう。

それは疲れたでしょう。	You must be exhausted.
それはたいへんでしたね。	That is too bad.
お疲れのようですね。	You look tired.
それは窮屈だったでしょう。	That must have been uncomfortable.
それはうるさかったでしょう。	That must have been noisy.
飛行機の中では熟睡できませんよね。	You can't really sleep on the plane.
乗り継ぎの待ち時間が長いと疲れます。	It's exhausting to wait a long time for a connecting flight.
ずっと同じ姿勢でいると疲れます。	You get tired sitting in one position.

ホテルに到着する

ホテルが見えてきました。	That's your hotel over there.
着きました。	We're here.
ここがあなたのホテルです。	This is your hotel.
前回と同じホテルです。	It's the same hotel you used before.
今回は違うホテルです。	It's a different hotel this time.
前回のホテルは予約がいっぱいでした。	We weren't able to book the hotel you stayed at the last time.
駅に近くて便利なホテルです。	It's a convenient hotel near the station.
シングルの部屋を予約しておきました。	I've reserved a single room.
シングルルームがいっぱいだったのでツインの部屋になりました。	I've reserved a twin room because the single rooms were full.
入り口はあちらです。	The entrance is over there.

チェックインの手続き

あちらがフロントです。	There's the front desk.
チェックインをしましょう。	Let's check-in.
宿泊カードに記入します。	We have to fill out the guest card.

ここに名前と住所を書いていただけますか。	Could you write your name and your address here?
ここにサインをしてください。	Please sign your name here.

ロビーで別れる / ホテル案内・カードを渡す

※別れるときの詳しいあいさつはこの章の「ホテルで別れる」の欄を参照。

部屋は 14 階だそうです。	Your room is on the fourteenth floor.
景色がいいでしょうね。	You'll have a nice view.
エレベーターはあちらです。	The elevator is that way.
私はここで失礼します。	I'll leave you here. /I'll say "Good-bye" here.
あとはベルボーイが部屋にご案内します。	The bellboy will take you to your room.
これはホテル案内です。	This is the hotel guide.
地図と電話番号が載っています。	There is a map and phone numbers.
迷子になったらこのカードを見せてください。	Show this card in case you get lost.
タクシーに乗るときはこのカードを運転手に見せてください。	Show this card to the driver when you take a taxi.

部屋に向かう / 鍵・部屋について

部屋に向かいましょう。	Let's go up to your room.
カード式の鍵です。	It's a card key.

オートロックです。	It's an auto-lock.
部屋を出るときは鍵を忘れずに。	Be sure to take your key with you when you leave the room.
ここがあなたの部屋です。	This is your room.
いい部屋ですね。	It's a nice room, isn't it?
少しせまいですが、必要な物はそろっています。	It's a little small, but adequate.
ここから街が見渡せますよ。	You can see the whole town from here.
窓から海／山が見えますよ。	You can see the ocean/mountain from the window.
気に入っていただけましたか。	Do you like it?

宿泊案内・電話について

これが英語の宿泊案内です。	This is the hotel information in English.
ホテルの施設とサービスの説明が書いてあります。	It has all the information on hotel facilities and services.
フロントの番号は "00" です。	You can get the front desk by dialing "zero-zero."
電話のかけ方はこの説明書に書いてあります。	There is an explanation on how to make a phone call in this brochure.

朝食について

ホテルの朝食は7時から10時だそうです。	Breakfast is served from seven to ten.
朝食はコンチネンタルスタイルです。	It'll be a continental breakfast.
ビュッフェスタイルです。	It's buffet style.
和食と洋食から選べます。	You can choose either a Japanese- or Western-style breakfast.
ダイニングルームは3階です。	The dining room is on the third floor.
3階にレストランがふたつあります。	There are two restaurants on the third floor.
好きなレストランに行ってください。	Go to the restaurant you like.
朝食にはこのチケットを持っていってください。	Take this ticket when you go down for breakfast.

ゆかたについて

寝巻きとしてゆかたがあります。	A *yukata* is provided as nightwear.
木綿のカジュアルな着物です。	It's a casual cotton *kimono*.
左を上にして着ます。	You wear it left-side front.
帯で結んで留めます。	Tie it with the *obi* sash.
室内でくつろぐときに着ます。	You can wear a *yukata* to relax in your room.

ゆかたを着て外を歩かないでください。	Don't go out in a *yukata*.

12 ホテルで別れる ·················· ◉ DISK 1　TRACK12

今後の予定の説明と確認

夜、迎えにきます。	I'll come back in the evening.
明朝、10時半に迎えにきます。	I'll come and pick you up at ten-thirty tomorrow morning.
ロビーで会いましょう。	Let's meet in the lobby.
ロビーで10時に会いましょう。	Meet you in the lobby at ten.

自分の連絡先

私の電話番号はご存知ですか。	Do you have my number?
念のためにもう一度言います。	I'll tell you just in case.
自宅の番号は045-665-1560です。	My home number is 045-665-1560.
私の携帯の番号は090-3412-5678です。	My cell phone number is 090-3412-5678.
会社の電話番号は03-5568-4567です。	The office number is 03-5568-4567.
"03"は東京の市外局番です。	"03" is the area code of Tokyo.
ここからでしたら市外局番はいりません。	You don't have to dial the area code if you're calling from here.

ここからでしたら市外局番が必要です。	You need to dial the area code from here.

「質問はありますか」

質問はありますか。	Any questions?
困ったことがありましたらご連絡ください。	Please call me if there is any trouble.
何かありましたらいつでも電話をください。	Call me anytime if you need anything.
何かありましたらフロントに連絡してください。	Call the front desk if you need anything.

別れのあいさつ

それではここで失礼します。	I'll leave you here to relax.
長旅でお疲れでしょう。	You must be exhausted from the long trip.
ゆっくり休んでください。	Please take a good rest.
明日の朝はゆっくりできます。	You can sleep in tomorrow.
明日は早起きしなくてはなりません。	You have to get up early tomorrow.
明日は忙しくなります。	Tomorrow will be a busy day.
明日のために充分休んでください。	Please get enough rest for tomorrow.
あとで会いましょう。	See you later.
明日会いましょう。	See you tomorrow.
明朝会いましょう。	See you tomorrow morning.

Chapter 2 自宅に迎える

Welcome to Your Home

1 自宅に迎える・・・・・・・・・・・・・・・・・・ ◎ DISK 1 TRACK 13

① 謙遜して、「せまいところですが…」「むさ苦しいところですみません」というようなことを言うと、外国人は返答にとまどいます。大切なのは「歓迎する気持ち」。過度の謙遜は避け、スマートに接しましょう。

② "You have a nice place here.（すてきなお宅ですね）"のようにほめられたら、"Thank you."と応じましょう。

客を連れてくる

さあ、着きました。	We're here.
ここが我が家です。	This is our house.

駐車する

車をとめてきます。	I'll go and park the car.
駐車場は離れたところにあります。	The parking lot is a couple of meters away.
車庫がないので駐車場を借りています。	We rent a parking space because we don't have a garage.

玄関で

外国人の中にはスリッパを歩きずらいと感じる人がいます。大柄な人だとスリッパが小さすぎてはけないということもあります。相手が歩きにくそうにしている場合は、無理にスリッパをすすめずに相手が楽なようにしてあげましょう。

玄関はこちらです。	The entrance is this way.
我が家へようこそ。	Welcome to our house.
我が家にお迎えできて嬉しいです。	We're happy to have you here.
どうぞお上がりください。	Please come in.
よくいらっしゃいました。 （客が自分で来た場合）	Thank you for coming.
道はすぐわかりましたか。 （客が自分で来た場合）	Were you able to find your way?
靴はここで脱いでください。	Please take off your shoes here.
日本の家で靴ははきません。	We don't wear shoes in Japanese houses.
日本の家ではスリッパを履きます。	We wear slippers in Japanese houses.
スリッパをどうぞ。	These are your slippers.
スリッパは履きたくなかったら履かなくてもいいですよ。	You don't have to wear the slippers if you don't want to.
散らかっていますがどうぞ。	The house is a mess, but you're welcome.
中へどうぞ。	Come on inside.

①家族や友人を紹介するときの基本表現は、"This is ＋紹介する人"
です。自己紹介をするときは "I'm ＋名前" で名前を言ってから、
「会えて嬉しいです」を意味する、"Nice to meet you." "Happy
to meet you." と言いましょう（誰かによって自分の名前がすでに
紹介されている場合は名前を繰り返して言う必要はありません）。

②日本式のあいさつについての説明は「相手と知り合う・語り合う」
の章の「あいさつと自己紹介」の欄を参照。

家族を紹介します。	Let me introduce my family.
こちらは夫の信二です。	This is my husband, Shinji.
こちらは妻の和子です。	This is my wife, Kazuko.
私の父です。	This is my father.
私の母です。	This is my mother.
息子 / 娘です。	This is our son/daughter.
こちらは友人の景子です。	This is my friend Keiko.
山崎夫妻を紹介します。	Please meet Mr. and Mrs. Yamazaki.
近所に住んでいる方々です。	They are our neighbors.
私は健二です。	I'm Kenji.
こんにちは。はじめまして。	Hello. How do you do?
お会いできて嬉しいです。	Nice to meet you. /Happy to meet you.
ようこそいらっしゃいました。	Nice to have you here.

我が家の愛犬、クッキーです。	This is our pet dog, Cookie.
猫を飼っています。	We have a cat.
白いので名前はしろです。	His/Her name is Shiro, meaning "white."
おとなしい犬です。	It's a quiet dog.
人なつっこい猫です。	It's a friendly cat.
ペットは平気ですか。	I hope you don't mind pets.
苦手でしたら外に出しておきます。	We'll leave it outside if you don't like pets.
別の部屋に入れておきます。	We'll keep it in another room.

② 到着後、くつろぐ ·············· ◎ DISK 1　TRACK 14

※旅の感想をたずねる表現は「空港からホテルまで」の章の「旅の感想をたずねる」の欄を参照。

※日本の印象をたずねたり、会話を楽しむ表現は「相手と知り合う・語り合う」を参照。

居間に通す

荷物はここに置いてください。	Put your luggage down here.
お疲れでしょう。	You must be tired.
リビングにどうぞ。	Please come to the living room.
どうぞ、お掛けください。 （座る場所を手で示す）	Please have a seat.

| 一息入れてください。 | Relax and catch your breath. |
| 自分の家だと思ってくつろいでください。 | Make yourself at home. |

お茶をすすめる

お茶をお持ちしましょう。	Let me bring you some tea.
飲み物は何がいいですか。	What would you like to drink?
コーヒーと紅茶、どちらがいいですか。	Coffee or tea?
お砂糖とミルクは入れますか。	Would you care for cream and sugar?
緑茶を飲んだことはありますか。	Have you ever tried green tea?
緑茶を試してみますか。	Would you like to try green tea?
冷たいものでしたらオレンジジュースとコーラがあります。	We have orange juice and coke if you want something cold.
（お茶を出しながら）どうぞ。	Here you go. /Here you are.
せんべいをどうぞ。	Help yourself to Japanese rice crackers.
クッキーをどうぞ。	Here are some cookies.

DISK 1　TRACK 15

おみやげをもらったら

どうもありがとうございます！	Wow! Thank you very much!
ご親切に。	That's thoughtful of you.
開けてもいいですか。	Can I open it?
すてき！	It's lovely!
おいしそう！	That looks delicious!
すてきな贈り物をありがとう。	Thank you for such a lovely gift.
気に入りました。ありがとう。	I really like it. Thank you so much.
父 / 母も喜びます。	I'm sure my father/mother will like it, too.
みんな喜びます。	I'm sure they'll all like it.

③ 家を案内する

部屋を案内する・家の説明

家を案内しましょう。	Let me show you our house.
これは純和式の家です。	This is a Japanese-style house.
これは洋式の家です。	This is a Western-style house.
洋式の家ですが、和室もあります。	This is a Western-style house, but we have a Japanese-style room, too.

台所・冷蔵庫のもの・水道水

ここが台所です。	This is the kitchen.
冷蔵庫のものは自由に食べてください。	Feel free to have anything in the refrigerator.
あなたは家族の一員ですよ。	You are part of our family.
水道水は飲めます。	You can drink the tap water.
ダイニングはこちらです。	This is the dining room.

トイレ・風呂場

トイレはここです。	Here is the toilet.
ここが風呂場です。	This is the bathroom.
トイレと風呂場は別です。	The toilet and the bath are separate.

和室

※和室（ふすま・たたみ・障子）についての説明や表現は「日本を紹介するトピックス」の章の「日本家屋・和室について」を参照。

ここが我が家の和室です。	This is our Japanese-style room.
床はたたみです。	The floor is covered with *tatami*.
ここは6畳間です。	This is a six-mat room.

仏壇について

これは仏壇です。	This is our family altar.

先祖を供養します。

We pray for our ancestors.

ろうそくをつけ、線香をたきます。

We light the candles and
burn incense.

花や食べ物をお供えします。

We offer flowers and food.

神棚について

これは神棚です。

This is a *Shinto* altar.

家内安全や商売繁盛を祈ります。

We pray for our family's
safety or business prosperity.

これらはお供え物です。

These are the offerings.

榊（さかき）や酒をお供えします。

We offer evergreen branches
and Japanese *sake*.

※「榊」と「酒」の意味は「神社・寺に案
　内する」の「神社に案内する」:《拝殿に
　向かう・お供物の意味》を参照。

庭

庭はこちらです。

This is our yard.

日本庭園です。

It's a Japanese-style garden.

うちの庭は広くありません。

We don't have a big yard.

都市部の一般的な日本人家庭の
庭はあまり広くありません。

Most Japanese houses in the
city do not have a big yard.

2階へ

2階を案内しましょう。

Let's go upstairs.

2階には寝室と子供部屋があり
ます。

The bedroom and the kids'
rooms are upstairs.

| 階段はこちらです。 | The stairs are this way. |
| 足元に気をつけて。 | Watch your step. |

寝室・子供部屋

ここが私たちの寝室です。	This is our bedroom.
ここが子供部屋です。	This is the kids' room.
娘二人がこの部屋を使っています。	Our two daughters share this room.
ここが健二の部屋です。	This is Kenji's room.
ここが私の部屋です。	This is my room.

ゲストルーム・相手が使う部屋について

※ふとんを敷くときの表現はこの章の《ふとんを敷く》を参照。

こちらがゲストルームです。	This is our guestroom.
ここがあなたの部屋になります。	This will be your room.
あなたの荷物はこちらに移動しましょう。	Let's bring your things into this room.
ベッドはありません。	We don't have a bed in this room.
寝るときはふとんを敷きます。	We'll put out the *futon* when you sleep.
ふとんは日本式のマットレスです。	*Futon* is a Japanese mattress.
ふとんはこの中にあります。（押入れを指す）	The *futon* is in here.
ゲストルームはありません。	We don't have a guestroom.

部屋は私と相部屋です。	You'll be sharing the room with me.
あなたはベッドを使ってください。	You can use the bed.
シーツは取り替えてあります。	We've put on new sheets.
私はふとんを使います。	I'll use the *futon* mattress.
私はソファーで寝ます。	I'll sleep on the sofa.

電気のスイッチ

これが電気のスイッチです。	This is the switch for the lights.
つまみを回すと明るさが調節できます。	You can adjust the light by turning the knob.

ベランダ・バルコニー

ここがバルコニーです。	This is our balcony.
ときどき人を呼んでバーベキューをします。	We sometimes invite people and have a barbecue.
ベランダで花を育てています。	We grow flowers on the balcony.
ハーブを育てています。	We're growing herbs.

4 食事について ······················ ◎ DISK 1　TRACK 16

夕食までの時間：休んでもらう・リラックス

夕飯まで時間があります。	We have time until dinner.

テレビを見てくつろいでください。	Please watch TV and relax.
夕飯まで休んだらどうですか。	Why don't you rest until dinner?
ふとんを敷いてあげます。	I'll put out the *futon* for you.
夕飯ができたらお呼びします。	I'll call you when dinner is ready.

食事の時間を確認する

夕飯は何時ごろがいいですか。	What time would you like to have dinner?
夕食は7時ごろです。	Let's have dinner at around seven.
みんながそろってから食べましょう。	Let's begin when everyone arrives.

ホームパーティーをする

あなたの歓迎会をします。	We'll have a welcome party.
あなたの送別会をします。	We are going to have a farewell party.
ホームパーティーをしましょう。	Let's have a home party.
友達も呼びました。	We've invited some friends over.

食べ物の好みをたずねる

※食事についての詳しい表現は「レストランに行く・食事を楽しむ」の章を参照。

| 好きな食べ物は何ですか。 | What is your favorite food? |

嫌いなものはありますか。	Is there anything you don't like?
食べられないもの・アレルギーのあるものはありますか。	Is there anything that you can't eat or are allergic to?
わかりました。それは避けましょう。	OK. I won't serve that.

作る料理について

日本の家庭料理を出します。	I'll serve Japanese-home-cooked food.
喜んでもらえたら嬉しいです。	I hope you enjoy it.
今日はごちそうを作ります。	I'll cook a special dinner for you.
すきやきディナーにしましょう。	Let's have a *sukiyaki* dinner.

※すきやきについての表現は「レストランに行く・食事を楽しむ」の章を参照。

手巻きずしを作る

手巻きずしにしましょう。	Let's have *temakizushi*.
手巻きずしは家庭で楽しむすし料理です。	*Temakizushi* is home-style *sushi*.
「手巻き」は「手で巻く」という意味です。	"*Temaki*" means "rolling with your hands."
自分たちですしを作るのは楽しいですよ。	It's fun making your own *sushi*.

61

食事の準備を手伝ってもらうかどうかは、状況を見て判断してください。「手伝わなくてもいいですよ」と言いたいときは、以下のフレーズを使って応じてください。

けっこうです。	That's okay.
休んでいてください。	Please rest.
リビングでくつろいでください。	Please relax in the living room.
母と話をしていてください。	Talk to my mother.
あなたはお客さまです。	You're the guest.

来日している人の中には、家庭料理の作り方に興味を持っている人もいるでしょう。その時は作る過程を一緒に楽しんでください。

ではお願いします。	Thank you.
台所に行きましょう。	Let's go to the kitchen.
私が作るのを見ていてもいいですよ。	You can watch me cook.
じゃがいもをむいてください。	Would you peel the potatoes?
これが皮むき器です。	This is the peeler.
テーブルを拭いてください。	Could you wipe the table?
これをダイニングに持っていってください。	Please take this to the dining room.
あなたは家で料理をしますか。	Do you cook at home?
お母さんの食事のしたくを手伝いますか。	Do you help your mother cook?

これらが和食の基本の調味料です。	These are basic seasonings for Japanese cooking.
これは "soy sauce" です。	This is soy sauce.
日本語で「しょうゆ」と言います。	It's called "*shōyu*" in Japanese.
頻繁に使われる日本の調味料です。	It's a frequently used Japanese seasoning.
これは酒です。	This is *sake*.
米からできた日本のお酒です。	It's Japanese rice wine.
酒は飲むためだけのものではありません。	*Sake* is not only for drinking.
料理にも使われます。	We also use it for cooking.
材料をやわらかくし、肉や魚の臭みをとります。	It makes the food tender and takes away the strong smell of meat or fish.
これはみりんです。	This is *mirin*.
甘味のある酒です。	It's sweetened *sake*.
みりんと砂糖で味をまろやかにします。	We use *mirin* and sugar to make the food mild.

5 食卓を囲む················· ◎ DISK 1　TRACK 17

①料理を出す場合、「お口に合わないかもしれませんが…」「私は料理が下手ですが…」とへりくだる必要はありません。楽しく食事をしましょう。相手が「おなかいっぱいです」と言っているときや和食

が口に合わないようなときは様子を見て、無理にすすめるのはやめましょう。

②「おそまつさまでした」という言葉は英語にはありません。料理をほめられたら、素直に "Thank you very much. I'm happy you enjoyed it.（ありがとうございます。喜んでいただけて嬉しいです）" と応えましょう。

③食事のあいさつ、和食を食べるときの基本的なマナー、はしの使い方については「レストランに行く・食事を楽しむ」の章を参照してください。

夕食の時間を知らせる

もうすぐ夕飯です。	Dinner is almost ready.
あと30分ほどで夕食です。	Dinner will be served in thirty minutes.
夕飯ができました。	Dinner is ready.
食べましょう。	Let's eat. /Let's start.
ここに座ってください。	Please sit here.

飲み物をすすめる

※酒を飲む表現は「レストランに行く・食事を楽しむ」の章を参照。

飲み物は何がいいですか。	What would you like to drink with your meal?
ビール、ワイン、日本酒があります。	We have beer, wine, and Japanese *sake*.
ビールはいかがですか。	Would you care for beer?

ジュースかコーラはいかがですか。 Would you like juice or coke?

水をお持ちしましょう。 I'll bring you a glass of water.

はし・スプーン・フォーク・ナイフについて

このはしを使ってください。 Please use these chopsticks.

割りばしです。 They're disposable.

新しいはしです。 It's a new pair of chopsticks.

お客さま用のはしです。 They are chopsticks for guests.

日本の家庭ではみんな自分のはしを持っています。 At Japanese homes, we all have our own chopsticks.

フォークとスプーンをお持ちしましょうか。 Shall I bring you a fork and spoon?

乾杯をする

乾杯をしましょう。 I'd like to propose a toast.

デビッドさん、今日はようこそお出でくださいました。 David, thank you for coming today.

日本滞在が楽しいものになりますように。 Hope you enjoy your stay in Japan.

乾杯！ Cheers!

ようこそ日本へ！ Welcome to Japan!

ようこそ我が家へ！ Welcome to our home!

私たちの友情に！ To our friendship!

私たちの輝かしい未来に！ To our bright future!

食事を始める

いただきます。	Let's begin.
口に合うといいのですが。	I hope you enjoy the food.
どんどん食べてください。	Help yourself.
料理はたくさんあります。	There is plenty of food.
塩・こしょうはこちらです。	Here's salt and pepper.
ドレッシングはこちらです。	This is the dressing.
イタリアンと和風ドレッシングがあります。	We have Italian and Japanese dressing.
自分で好きなおかずを取ってください。	Help yourself to all the dishes.

ごはんとみそ汁について

ごはんとみそ汁は和食の基本の料理です。	Rice and *miso* soup are the basic items in Japanese cooking.
日本人の主食は米です。	Rice is the basic food of Japanese people.
これはみそ汁です。	This is *miso* soup.
和食の基本のスープです。	It's the basic Japanese soup.
家庭で覚える最初の料理のひとつです。	It's one of the first things we learn how to cook.
各家庭の味があります。	Each home has its own special taste.

今日の具はとうふとわかめです。 Today's ingredients are *tofu* and seaweed.

みそは大豆をペースト状にした ものです。 *Miso* is soybean paste.

栄養があります。 It's very nutritious.

だしは煮干でとります。 We use dried sardines to make the broth.

だしはこんぶとかつおぶしでと ります。 We use kelp and dried bonito to make the broth.

日本の家庭料理の主なメニュー

これは肉じゃがです。 This is cooked beef and potatoes.

しょうゆ味のだし汁で煮ました。 It's cooked in a Japanese soy sauce broth.

だし汁には酒、みりん、砂糖、 しょうゆが入っています。 The broth contains *sake*, *mirin*, sugar, and soy sauce.

これは鳥のからあげです。 This is Japanese fried chicken.

とんかつです。 This is a pork cutlet.

おひたしです。 This is boiled spinach with dried bonito.

冷奴です。 This is cold *tofu* with ginger and long onions.

しょうゆ・ソース・たれ

しょうゆをかけて食べてください。 Put soy sauce on this.

自宅に迎える

| ソースをかけて食べてください。 | Put some sauce on it. |
| このたれにつけて食べてください。 | Dip this into the sauce when you eat it. |

おかわりをすすめる

おかわりはたくさんあります。	There is plenty for seconds.
ごはん / パンもまだありますよ。	There's more rice/bread if you like.
チャーハンをもっとどうぞ。	Have some more fried rice.
ビール / ワインをもっとどうぞ。	Here, have more beer/wine.

食卓でサーブする

それを取っていただけますか。	Can you pass me that?
それをお取りしましょう。	Let me get that for you.
それは小皿に取って食べてください。	Take some food in a small bowl, and eat it.

手巻きずしをする

ごはんがあります。	Here's the rice.
ごはんとすし酢を混ぜます。	We mix the rice with *sushi* vinegar.
私がごはんとすし酢を混ぜている間、うちわであおいでください。	Please help me fan while I mix the rice and vinegar.
ごはんを冷まします。	The rice will cool.
これは「のり」です。	This is *nori* seaweed.

具はここです。	These are the ingredients.
これらは「かんぴょう」です。	These are dried gourd strips.
きゅうり / まぐろです。	This is cucumber/tuna.
しゃけ / いくらです。	This is fried salmon/salmon roe.
しそで風味をつけます。	The *shiso* leaves are for flavoring.
のりをとります。	First pick up the *nori*.
のりの上にごはんを乗せます。	Put some rice on top of the *nori*.
具を選びます。	Choose the ingredients.
ごはんの上に具を乗せます。	Put the ingredients on the rice.
コーンのかたちに巻きます。	Roll it into a cone shape.
しょうゆにつけて食べます。	Dip it in soy sauce and eat it.
トライしてみましょう。	Let's try.
ごはんを乗せすぎないように。	Try not to put too much rice on the *nori*.
そうそう。上手ですね！	There you go. Very good!

食事の感想をたずねる・メニューについて

おいしいですか。	How do you like it?
口に合わなかったら残してもいいですよ。	You can leave it if you don't like it.
喜んでいただけて嬉しいです。	I'm happy that you like it.
作り方は簡単です。	It's easy to cook.

レシピを渡しましょう。	I'll give you the recipe.
典型的な日本の家庭料理です。	It's a typical Japanese dish.
ローカロリーです。	It's low calorie.
ヘルシーです。	It's healthy.
あなたの国の代表的な家庭料理は何ですか。	What's a typical dish you cook at home in your country?

デザートをすすめる

デザートにしましょう。	Let's have dessert.
デザートはあとにしましょう。	Let's have dessert later.
デザートにはメロンがあります。	We have melon for dessert.
アイスクリームがあります。	We have ice cream.
デザートと一緒にコーヒーか紅茶はいかがですか。	Would you like coffee or tea with your dessert?

食事を終える

※食事の感想をたずねる詳しい表現は「レストランに行く・食事を楽しむ」の章を参照。

| ごちそうさまでした。 | I'm done. |
| 食べ終わりましたか。 | Are you done? |

食後の後かたづけ

後かたづけは私がやります。	I'll do the dishes.
休んでいてください。	Just relax.
お客さまにそんなことはさせられません。	No, I can't have the guests do that.

ではお皿を拭いてください。	Then, could you dry the dishes?
置いておいてください。	Just leave them.
あとで私がやります。	I'll do them later.
手伝ってくれてどうもありがとう。	Thank you for helping.

客を見送る · DISK 1 TRACK 18

※別れのあいさつの詳しい表現は「旅をふり返る・別れのあいさつ」の章を参照。

もう10時です。	It's already ten o'clock.
時間が経つのは早いですね。	Time flies.
何時に帰らなくてはならないのですか。	What time do you have to leave?
もっと長くいられたらよかったですね。	I wish you could stay longer.
駅まで車で送りましょう。	I'll take you to the station.
駅まで一緒に歩きましょう。	I'll walk you to the station.
今日は楽しかったです。	I had a good time today.
今日はお越しいただきましてありがとうございます。	Thank you for coming today.
いつでも歓迎します。	You are always welcome.
すてきなおみやげをありがとうございました。	Thank you for the nice souvenir.

気をつけてお帰りください。	Be careful on your way home.
また遊びに来てください。	Please come again.
また電話します。	I'll call you again.
さようなら。	Good-bye.

7 客が泊まる・風呂について …… ◎ DISK 1　TRACK 19

風呂をすすめる

※風呂についての説明は「通貨・電話・風呂・トイレについて」の章の「風呂について」を参照。

シャワーを浴びますか。	Would you like to take a shower?
お風呂をどうぞ。	Do you want to take a bath?
お先にどうぞ。	You go ahead.
私たちはあとで入ります。	We'll go after you finish.

「シャワーは朝に浴びたい」と相手が希望した場合

　朝、シャワーを浴びたいと相手が希望した場合は、通勤や通学などの家族のスケジュールに支障をきたさないように入る順番・時間を決めておくとよいでしょう。

| シャワーは朝にしますか。 | Would you rather take a shower in the morning? |
| 何時ごろシャワーを浴びますか。 | What time do you want to take a shower? |

朝は誰もシャワーを浴びません。	Nobody takes a shower in the morning.
好きな時間にどうぞ。	Use the shower any time you want.
娘は7時ごろシャワーを浴びます。	My daughter takes a shower around seven.
娘のあとに入れます。	You can go after my daughter.
私はあなたのあとに入ります。	I'll go after you.

風呂場で

風呂場はこちらです。	The bath is this way.
タオルはこれを使ってください。	Please use this towel.
これがバスタオルです。	Here is the bath towel.
このタオルで身体を洗ってください。（小さいタオルを渡す）	You can use this towel to wash your body.
石けんやシャンプーは自由に使ってください。	Feel free to use the soap and shampoo.
自分の石けんやシャンプーを使うのでしたら中に置いておいてください。	If you're going to use your own soap and shampoo, leave them inside.
終わったらタオルはここに掛けておいてください。	Please hang the towels here after you finish.

風呂の入り方

| 風呂の入り方を説明しましょう。 | Let me tell you how to take a bath. |

ここで服を脱ぎます。	Take off your clothes here.
洗い場があります。	There is a washing space.
ここで簡単に身体を洗います。 （洗い場を指す）	First wash yourself off lightly here.
石鹸を洗い流してからお湯につかります。	Wash off the soap before you step into the bath.
座って洗うときはこのイスを使ってください。	Use this stool when you sit down and wash your body.
風呂はつかってリラックスするためのものです。	The bathtub is for soaking and relaxing.
風呂には入浴剤が入っています。	There is a bath salt in the bath.
お湯が熱く感じられるかもしれません。	You might feel the water is too hot.
風呂の中にタオルを入れないでください。	Don't put the towel inside the tub.
風呂の中で身体や髪を洗わないでください。	Don't wash your body or hair in the tub.
リラックスしたら、風呂から出てよく身体を洗います。	After you relax, come out from the tub and wash yourself thoroughly.
最後にもう一度お湯につかってもいいですし、そのまま出てもかまいません。	You can go in the tub once more, or come out after you're done.
お湯は毎晩一度だけ入れます。	We fill the tub once every night.
みな同じ湯を使いますので、栓は抜かないでください。	Don't pull the plug because we all use the same water.

シャワーの使い方

このレバーでシャワーに切り替わります。	This is the lever to switch to the shower.
このレバーを上にするとシャワーになります。	Turn it up to switch to the shower.
下に回すと蛇口からお湯がでます。	Water will come out from the faucet when you turn it down.
水はここです。	Cold water is here.
お湯はここです。	Hot water is here.
お湯の温度調節はここでします。	You can adjust the water temperature here.
右に回すと水が出ます。	Cold water comes out when you turn it to the right.
左に回すとお湯が出ます。	Hot water comes out when you turn it to the left.

風呂の感想をたずねる

お風呂はいかがでしたか。	How was the bath?
のどが乾いたでしょう。何か飲みますか。	You must be thirsty. Would you like to have something to drink?

8 床につくまで ⋯⋯⋯⋯⋯ ◉ DISK 1 TRACK 20

夜、くつろぐ：テレビを見る・コンピューターゲームで遊ぶ

テレビを見ますか。	Would you like to watch TV?

英語のチャンネルもあります。	There are English channels.
CNN は 24 チャンネルです。	CNN is channel twenty-four.
ケーブルテレビで英語の番組があります。	There are English programs on Cable TV.
二ヶ国語放送のニュースや映画もあります。	Some news and movies are broadcast in English and Japanese.
好きな番組を見てください。	You can watch anything you like.
コンピューターゲームをしますか。	Do you want to play computer games?

テレビ・ビデオのリモコンの使い方

リモコンの使い方を教えましょう。	Let me teach you how to use the remote control.
ここを押して電源を入れます。	Press here to turn it on.
チャンネルはここで切り替わります。	You switch the channels here.
音量はここで調整します。	You adjust the volume here.
これが再生ボタンです。	This is the play button.
停止ボタンです。	This is the stop button.
ここを押して電源を切ります。	Press here to turn it off.

寝る時間

| もうこんな時間です。 | It's already late. |

寝る時間です。 It's bedtime.

寝ましょう。 Let's go to bed.

歯みがき

洗面所はこちらです。 The bathroom is this way.

歯みがき粉はこれを使ってください。 Please use this toothpaste.

歯ブラシはここに置いておいてください。 You can leave your toothbrush here.

ふとんを敷く

ふとんを敷いてあげましょう。 Let me put out the *futon* for you.

ふとんの下にマットレスを敷きます。 We put the mattress under the *futon*.

これが毛布です。 This is the blanket.

これがかけぶとんです。 This is the top *futon*.

寒かったらもう一枚毛布があります。 There is an extra blanket if you are cold.

ふとんは朝片づけます。 We put away the *futon* in the morning.

ふとんは敷きっぱなしでもいいです。 You can leave the *futon* out.

寝心地がよいといいのですが。 I hope you feel comfortable.

起床の時間をたずねる

何時に起こしましょうか。 What time shall I wake you?

私たちは6時半に起きます。	We all get up at six-thirty.
7時に朝ごはんを食べます。	We eat breakfast at seven.
一緒に朝ごはんを食べますか。	Would you like to join us for breakfast?
それでは早すぎますか。	Is that too early?
それでは遅すぎますか。	It that too late?
お疲れでしょうから起こしませんよ。	You must be tired, so I won't wake you.
みんなを起こすときに声をかけます。	I'll wake you when I wake everybody.
6時半に起こします。	I'll wake you at six-thirty.

おやすみのあいさつ

おやすみなさい。	Good night.
よく休んでください。	Sleep tight.
いい夢を。	Sweet dreams.
長い一日でしたね。	It was a long day.
ゆっくり休んでください。	Have a good rest.

 9 翌朝 ································ ◎ DISK 1 TRACK 21

起こす・目覚めの気分

| おはようございます。 | Good morning. |
| 起きてください。6時半ですよ。 | Wake up. It's six-thirty. |

よく眠れましたか。	Did you sleep well?
ふとんの寝心地はいかがでしたか。	How was the *futon*?
ベッドの寝心地はいかがでしたか。	Was the bed comfortable?

10 朝食 ···································· ◎ DISK 1　TRACK 22

洋食：トースト・目玉焼き・シリアル

うちの朝は洋食です。	We have a Western-style breakfast.
朝食はトーストと目玉焼きです。	We have toast and fried eggs for breakfast.
シリアルもあります。	There is cereal if you like.
コーヒーをどうぞ。	Here is your coffee.
牛乳をどうぞ。	Have some milk.
オレンジジュースもあります。	There is orange juice, too.

和食：ごはん・みそ汁・納豆

うちはいつも和食の朝ごはんです。	We always have a Japanese breakfast.
和食の朝食を用意しました。	I prepared a Japanese breakfast.
ごはんとみそ汁です。	There is rice and *miso* soup.
これは納豆です。	This is *nattō*.
ごはんにかけて食べます。	You eat it over rice.
納豆は大豆を発酵させたものです。	*Nattō* is fermented soybeans.

ねばねばしています。	It's sticky.
からしとしょうゆを混ぜます。	You mix it with mustard and soy sauce.
においがだめですか。	Oh, you don't like the smell.
独特の味です。	It has a distinct taste.
食べ慣れる必要があります。	You have to develop a taste for it.
日本人でも嫌いな人がいます。	Even some Japanese people don't like it.

11 その日の予定を確認する······ ◎ DISK 1 TRACK 23

その日の予定について

※スケジュール確認や待ち合わせに関する詳しい表現は「予定をたてる・待ち合わせをする」の章を参照。

今日は何をしましょうか。	What shall we do today?
今日は何がしたいですか。	What do you want to do today?
観光にお連れします。	I'll take you sightseeing.
今日はのんびりしましょう。	Let's not push ourselves today.
私が学校 / 仕事に行っている間は自由にしてください。	Feel free to do anything while I'm at school/work.

自由に過ごしてもらう

日本の治安はいいです。	Japan is a safe place to walk around.

街を歩いたらどうですか。	Why don't you walk around the city?
あとで待ち合わせましょう。	Let's meet later.
何時に出発しますか。	What time are you leaving?
何時に戻ってきますか。	What time are you returning?

相手が観光から戻ってくる

どこに行きましたか。	Where did you go?
何を見ましたか。	What did you see?
何か買いましたか。	Did you buy anything?
楽しめてよかったです。	I'm glad you enjoyed it.

Chapter 3 　予定をたてる・待ち合わせをする

Making Plans and Setting Dates

① 滞在中のスケジュールを確認する

○ DISK 1　TRACK 24

相手の都合をたずねる

いつ、あいていますか。	When are you free?
いつ、会えますか。	When can I see you?
予定はどうなっていますか。	What's your schedule?
あなたの予定は？	What's your plan?
自由時間はありますか。	Do you have free time?
自由時間はどれくらいありますか。	How much free time do you have?
週末はあいていますか。	Are you free on the weekend?
午前中 / 午後 / 夜はあいていますか。	Are you free in the morning/afternoon/evening?

相手が日本の友人・知人宅に滞在している場合

あなたの友達はどこに案内するのですか。	Where is your friend taking you?
彼 / 彼女のプランは？	What's his/her plan?
私も一緒に行ってもかまいませんか。	May I join you?

相手の自由時間について

予定が詰まっていますね。	Your schedule is full.
仕事 / 学校がありますね。	You have work/school.
週末はフリーですね。	You're free on the weekend.
自由時間がありますね。	You have some free time.
あいている時間に観光をしましょう。	Let's go sightseeing in your free time.
自由時間があまりありませんね。	You don't have much free time.
あまり自由時間がなくて残念です。	Too bad you don't have much free time.
せめてランチ / ディナーだけでもご一緒したいです。	We can at least have lunch/dinner together.

2 相手の希望をたずねる ……… ⊚ DISK 1　TRACK 25

※買い物や食事に誘うときの表現は「買い物をする・おみやげを選ぶ」「レストランに行く・食事を楽しむ」の章をそれぞれ参照。

相手が何をしたいかをたずねる

何が見たいですか。	What do you want to see?
何がしたいですか。	What do you want to do?
どこに行きたいですか。	Where do you want to go?
何に興味がありますか。	What are your interests?
観光に行きたいですか。	Do you want to go sightseeing?

| ガイドブックで興味を持った場所はありますか。 | Did you find any place interesting in your guidebook? |
| どこへでも喜んでお連れします。 | I'll be happy to take you wherever you want to go. |

相手の行きたい・見たい場所について自分の意見

観光名所です。	It's a famous tourist spot.
行く価値があります。	It's worth visiting.
景色がきれいです。	The scenery is beautiful.

現地までの距離

日帰り旅行にぴったりです。	It'll make a perfect one-day trip.
ここから近いです。	It's near here.
電車で 2、3 時間です。	It's a couple of hours by train.
ここから遠いです。	It's far from here.
日帰りは無理です。	We won't be able to come back in a day.

目的地とおおよその日にちを決める

そこはぜひ行きましょう。	Let's definitely go there.
ではそこに行きましょう。	Okay. Let's go there.
そこは別の日にしましょう。	Let's go there some other time.
そこは来週行きましょう。	Let's go there next week.

それは明日考えましょう。	Let's think about it tomorrow.
何をするかは明日決めましょう。	Let's decide what to do tomorrow.
明日のあなたの気分・体調で決めましょう。	Let's see how you feel tomorrow.

3 プランを提案する ·············· ◎ DISK 1　TRACK 26

だいたいの予定をたてましょう。	Let's make a rough plan.
私のプランはこうです。	This is my plan.
明日はのんびりします。	We'll take it easy tomorrow.
時差ぼけでお疲れだと思いますから。	I'm sure you'll be tired from jetlag.
あなたが疲れていなければ出かけましょう。	Let's go out if you are not tired.
午後は街案内をします。	I'll show you around town in the afternoon.
夜は歓迎パーティーをする予定です。	I'm thinking of having a welcome party at night.
2日目は観光をしましょう。	Let's go sightseeing on the second day.
今週末はツアーに参加しましょう。	Let's go on a tour this weekend.
来週、京都に行きましょう。	Let's go to Kyoto next week.

| 最後の晩には送別会をします。 | We'll have a farewell party the night before you leave. |

4 観光に誘う ························ DISK 1　TRACK 27

※街案内に誘う表現ならびに神社仏閣に案内するときの表現は、「街を歩く」と「神社・寺に案内する」の章をそれぞれ参照。

観光に行きましょう。	Let's go sightseeing.
この辺には見るところがたくさんあります。	There are many interesting places around here.
東京見物にお連れします。	I'll take you sightseeing in Tokyo.
京都にお連れします。	I'll take you to Kyoto.
有名なお寺と神社に案内します。	I'll take you to the famous temples and shrines.
郊外にお連れします。	I'll take you to the countryside.
他に見たいところがあったら言ってください。	Tell me if you have some other place you'd like to visit.

5 観光ツアーに参加する ········ DISK 1　TRACK 28

ツアーのパンフレット・資料を見せる

| ツアーに参加しましょう。 | Let's go on a tour. |
| 市内観光ツアーに興味はありますか。 | Would you like to go on a city tour? |

これはツアーのパンフレットです。	These are the tour pamphlets.
英語のガイドがいます。	There is an English guide.

ツアーを勧める

いろいろなコースがあります。	There are a variety of tours.
一日ツアー、半日ツアー、ナイトツアーがあります。	There are day tours, half-day tours, and night tours.
歌舞伎 / すきやきツアーもあります。	There is also a *kabuki/sukiyaki* tour.
このツアーには食事も含まれています。	This tour includes meals.
和食 / 洋食です。	They'll serve Japanese/Western food.
ベジタリアンの食事もあります。	Vegetarian dishes are also available.
午前 / 午後の出発です。	The tour leaves in the morning/afternoon.
このツアーは街の名所をカバーしています。	This tour covers major sights of the city.
私はこのツアーがいいと思います。	I think this tour is good.
どれがいいと思いますか。	Which one do you think is interesting?
このツアーにしましょう。	Let's choose this one.

6 日本の文化に触れる･････････ ◎ DISK 1 TRACK 29

体験入学

体験入学に興味はありますか。	Are you interested in visiting a Japanese school?
地元の中学 / 高校に行きます。	We'll visit a local junior high school/high school.
日本人の学生と交流するいい機会です。	It's a good chance to meet Japanese students.
お互いの国の文化や風習について話します。	We'll talk about each other's cultures and customs.
英語の授業を見学できます。	You can observe the English class.
放課後、クラブ活動に参加できます。	You can join the club activities after school.
茶道部があります。	There is a tea ceremony club.
弓道部があります。	There is a *kyūdō* club.
弓道は日本のアーチェリーです。	*Kyūdō* is Japanese archery.
剣道ができます。	You can do *kendō*.
剣道は日本のフェンシングです。	*Kendō* is Japanese fencing.

ホストファミリー宅へ

短いホームステイ・プログラムがあります。	There is a short homestay program.
日本人の家庭を訪問します。	We'll visit Japanese homes.

日本の家庭を見るいい機会です。	It's your chance to look at Japanese homes.
ホストファミリーはいい人たちです。	Your host-family is nice.
彼らは世界各国から多くの人を受け入れてきました。	They've accepted many people from around the world.

着付け・茶道・生け花

日本文化に興味はありますか。	Are you interested in Japanese culture?
「日本文化体験」のツアーがいくつかあります。	There are tours for "Experiencing Japanese Culture."
ボランティアグループが様々な文化行事を主催しています。	A volunteer group is arranging various cultural activities.
着付け、茶道、生け花のコースがあります。	There are courses on *kimono*, tea ceremony, and flower arrangement.
実際に着物を着ます。	You can get to wear a *kimono*.
茶道を一通り体験できます。	You can get to experience the whole process of the tea ceremony.
生け花を習えます。	You'll learn how to do *ikebana*.
生け花は伝統的な日本のフラワーアレンジメントです。	*Ikebana* is traditional Japanese flower arrangement.

工場見学

工場見学に興味はありますか。	Are you interested in visiting a factory?
有名なビール工場があります。	There is a famous beer factory.
自動車工場に行きませんか。	Would you like to go and see a car factory?
製品の生産過程を見学できます。	You'll get to see the process of making a product.

伝統芸能・相撲

日本の伝統芸能に興味はありますか。	Are you interested in Japanese traditional theater?
能を見たいですか。	Would you like to see a *noh* play?
能は仮面をつけて行われる伝統的な舞踊芝居です。	*Noh* is a traditional dance-drama performed with masks.
歌舞伎を見たいですか。	Would you like to see *kabuki*?
歌舞伎は江戸時代に生まれた伝統芝居です。	*Kabuki* is traditional theater which originated in the Edo period.
歌舞伎は男性だけで演じられます。	*Kabuki* is performed only by men.
相撲を見てみたいですか。	Would you be interested in seeing *sumō*?

外国人のための相撲 / 歌舞伎ツアーがあります。	There is a *sumō/kabuki* tour for foreigners.
興味があればチケットを手配します。	I'll try and get the tickets if you are interested.
いい経験になると思います。	I think it'll be a good experience.
私も初めての経験です。	It'll be my first experience, too.
チケットを手配しました。	I got the tickets.

7 祭り・花火大会・その他のイベントに誘う

・・・・・・・・・・・・・・・・・・・・・・・・・・・・・・・ ◎ DISK 1 TRACK 30

イベント情報を見せる

どうぞ見てください。	Take a look at this.
これは英字新聞です。	This is an English newspaper.
近日開催予定のイベントが載っています。	It has information on coming events and attractions.
地元のイベントリストです。	It's a list of local events.
祭りがあります。	There is a festival.
興味のあるイベントはありましたか。	Did you find anything interesting?

祭り

※祭りについて・祭りに行く表現は「日本の四季と年中行事」の「祭り」を参照。

地元の祭りがあります。	There is a local festival.

来週、夏祭りがあります。	There is a summer festival next week.
お祭りに行きましょう。	Let's go to the festival.
日本の祭りを見るいい機会ですよ。	It'll be a good chance to see a Japanese festival.
私は家族と毎年祭りに行きます。	I go to festivals with my family every year.
子供の頃よく祭りに行きました。	I used to go to festivals when I was little.

花火大会

※花火大会についての表現は「日本の四季と年中行事」の「花火大会」を参照。

花火大会があります。	There is a fireworks display.
花火大会に行きましょう。	Let's go and see the fireworks.
きれいで芸術的です。	They are beautiful and artistic.
私は毎年花火を見ます。	I see the fireworks every year.

8 相手の意向を確認する・プランの決定

· DISK 1　TRACK 31

どう思いますか。	What do you think?
いかがですか。	How does that sound?
それでいいですか。	Is that okay?
行きたいですか。	Do you want to go?

見たいですか。	Do you want to see it?
試してみますか。	Would you like to try it?
別のことをしましょう。	Let's do something else.
そうしましょう。	Let's do that.

⑨ 日程を決める ⋯⋯⋯⋯⋯⋯⋯ ◎ DISK 1　TRACK 32

いつ・どこで会うかたずねる

いつがいいですか。	When is convenient for you?
いつ会いましょうか。	When shall we meet?
どこで待ち合わせましょうか。	Where shall we meet?
何時に会いましょうか。	What time shall we meet?
18 日はいかがですか。	How about the eighteenth?
木曜日はいかがですか。	How about Thursday?
午後 / 夜はいかがですか？	How about in the afternoon/evening?
明日 / あさって / 今週末はどうですか。	How about tomorrow/day after tomorrow/this weekend?

自分の都合を話す

私はいつでもいいです。	Anytime is fine with me.
平日は学校があります。	I have school on weekdays.
平日は仕事があります。	I work on weekdays.

週末はあいています。	I'm free on the weekends.
午後 / 夜はあいています。	I'm free in the afternoon/evening.
その日は大丈夫です。	I'm free that day.
15日はあいています。	I'm free on the fifteenth.
16日は都合が悪いです。	I can't make it on the sixteenth.
金曜日は忙しいです。	I'm busy on Friday.
午後は忙しいです。	I'm busy in the afternoon.

待ち合わせの日を決める

平日の方がすいています。	It's less crowded on weekdays.
では15日に会いましょう。	Let's meet on the fifteenth.
では金曜日に決めましょう。	Okay. Let's make it Friday.

待ち合わせ時間を決める

午前中がいいです。	Morning would be better.
午後にしましょう。	Let's make it in the afternoon.
夜、会いましょう。	Let's meet in the evening.
昼ごろ会いましょう。	Let's meet around noon.
10時半にしましょう。	Let's make it ten-thirty.
1時はどうですか。	How about one o'clock?

もう少し早い方がいいです。	Earlier would be better.
もう少し遅い方がいいです。	Later would be better.
昼ごろ迎えに行きます。	I'll come and pick you up around noon.
5時に駅に行きます。	I'll be at the station at five.

待ち合わせ場所を決める

迎えに行きます。	I'll come and pick you up.
そちらに行きます。	I'll come to your place.
ホテルに迎えに行きます。	I'll meet you at the hotel.
ロビーに行きます。	I'll come to the lobby.
東京まで行きます。	I'll come to Tokyo.
新宿駅で会いましょう。	Let's meet at Shinjuku Station.
駅で会いましょう。	Let's meet at the station.
場所はわかりますか。	Do you know where it is?
出口はひとつしかありません。	There is only one exit.
出口はいくつかあります。	There are several exits.
東口 / 西口 / 南口 / 北口で待っています。	I'll be waiting at the east/west/south/north exit.
改札を出たところで待っています。	I'll be waiting just outside the ticket gate.
道に迷ったら携帯に電話してください。	Call my cell phone if you get lost.

待ち合わせを確認する

それではあとで。	See you later.
それでは 15 日に。	See you on the fifteenth.
それでは土曜日に。	See you on Saturday.
それでは駅で。	See you at the station.
向こうで会いましょう。	Meet you there.
楽しみにしています。	I'm looking forward to it.
会えるのを楽しみにしています。	I'm looking forward to meeting you.
都合が悪くなったら連絡してください。	Call me if you can't make it.

自分が同伴できない場合

残念ながらその日はご一緒できません。	I'm afraid I can't be with you that day.
学校 / 仕事があります。	I have school/work.
妻 / 夫が観光にお連れします。	My wife/husband will take you sightseeing.
同僚 / 友人がご一緒します。	My colleague/friend will be with you.
娘 / 息子 / 友人があなたを案内します。	My son/daughter/friend will show you around.
一人でも大丈夫ですか。	Would you be okay alone?

※歓迎の言葉、初対面の人に対するあいさつ、再会のあいさつの詳しい表現は「空港からホテルまで」の章を参照。

場所はわかりましたか。	Could you find your way?
私は今来たところです。	I just got here.
場所はすぐわかりました。	I could find my way easily.
早く着きました。	I came early.
遅れてすみません。	Sorry I'm late.
待たせてすみません。	Sorry to have kept you waiting.
迷子になりました。	I got lost.
会えて嬉しいです。	It's good to see you.
さあ、参りましょう。	Let's go.

1
3

予定をたてる・待ち合わせをする

97

第2部 日本について

日本を紹介するトピックス

Topics on Japan

この章では富士山、日本の休暇の時期、和室、着物、基本的な日本語のあいさつなど、日本について話すときに役立つ便利な表現をまとめてあります。日本を紹介するトピックとして活用してください。

 1 日本の姿 ······················ ◎ DISK 1 TRACK 33

島国日本・東京・京都・新幹線

日本は島国です。	Japan is an island country.
主な島は北海道、本州、四国、九州です。	The main islands are Hokkaidō, Honshū, Shikoku, and Kyushū.
首都・東京は本州にあります。	The capital, Tokyo, is on Honshū.
古都・京都は西日本にあります。	Kyoto, the ancient capital, is in western Japan.
東京から京都まで一番速い新幹線で約2時間10分です。	It takes about two hours and ten minutes to Kyoto from Tokyo by the fastest bullet train.
新幹線は超高速列車です。	The bullet train is the super express train.
平均約時速270kmで走ります。	The fastest bullet train travels at an average speed of two hundred seventy kilometers per hour.

都市部と郊外

日本はさまざまな表情を持つ国です。	Japan is a country of diversity.
都市部と郊外では雰囲気が違います。	The city areas and the country areas are different.
都市部は近代的で、人が多く、にぎやかです。	The city area is modern, crowded, and lively.
郊外は生活のペースがもっとのんびりしています。	In the countryside, the pace of life is slower.
郊外では美しい景色が楽しめます。	The scenery is beautiful in the countryside.

日本地図を見せる

日本地図を見せましょう。	Let me show you the map of Japan.
東京はここです。	Tokyo is here.
大阪はここです。	Ōsaka is here.
北にある島は北海道です。	The northern island is Hokkaidō.
東京から北海道まで飛行機で1時間半ほどです。	It takes about an hour and a half to Hokkaidō from Tokyo by plane.
私たちはここにいます。	We're here.
富士山はここにあります。	Mount Fuji is here.

富士山は日本で一番高い山です。	Mount Fuji is the highest mountain in Japan.
日本のシンボルです。	It's a symbol of Japan.
私たちは「富士山」と呼びます。「さん」は「山」という意味です。	We call it "Fuji-san," *san* meaning "mountain."
高さは3,776m です。	It's three-thousand seven-hundred seventy-six meters high.
美しい山です。	It's a beautiful mountain.
整った円すい形をしています。	It has a nearly perfect conic shape.
写真や絵はがきで富士山を見たことがありますか。	Have you seen a picture or a postcard of Mt. Fuji?
雪化粧をした富士山はとても優美です。	It looks very elegant when the summit is crowned with snow.
富士山は登れます。	You can climb Mt. Fuji.
ルートは「合」に分かれています。	The climbing route is divided into "stations."
十合目まであります。	There are up to ten stations.
五合目まで車で行けます。	You can drive up to the fifth station.
ルートによって5時間から8時間で登れます。	It takes about five to eight hours to climb depending on the route.

夜から登り始める人も多いです。	Many people start climbing at night.
山頂から朝日を眺めます。	They enjoy watching the sunrise from the summit.

富士山に登ったことがあるかどうか

あなたは富士山に登ってみたいと思いますか。	Would you be interested in climbing Mt. Fuji?
私は富士山に登ったことがあります。	I've climbed Mt. Fuji.
登るのはたいへんでした。	It was a tough climb.
頂上からの景色がすばらしかったです。	The view from the summit was spectacular.
私は富士山に登ったことがありません。	I've never climbed Mt. Fuji.
いつか富士山に登ってみたいです。	I'd like to try to climb Mt. Fuji one day.

② 日本の休暇の時期 ･･･････････ ◎ DISK 1　TRACK 34

※「ゴールデンウィーク」「盆」「正月」についての詳しい表現は「日本の四季と年中行事」の章を参照。

3つの休暇の時期：ゴールデンウィーク・盆・正月

日本では長い休暇の時期が3つあります。	There are three long vacation periods in Japan.

旅行のピークシーズンです。	Those are the peak travel seasons.
たくさんの人が帰省します。	Many people return to their hometowns to visit their families.
その時期に旅行をするのは料金が高いです。	It's expensive to travel during these periods.
エアチケットやホテル代などは割増料金になります。	The air tickets and hotels have increased rates.
最初の忙しい時期はゴールデンウィークです。	The first busy season is Golden Week.
4月末から5月初めの休みです。	It's starts from the end of April to the beginning of May.
その週は祭日が重なっています。	There are many national holidays during the week.
次は8月の盆の時期です。	The next is *Bon* vacation in mid-August.
盆は先祖の霊を迎えるための仏教儀式です。	*Bon* is a Buddhist ritual to worship the spirits of the ancestors.
盆休みは1週間から10日ぐらいです。	*Bon* vacation lasts for a week to ten days.
最後に正月休みがあります。	Finally, there is the New Year holiday.
だいたい12月28日から1月3日まで休みです。	People are usually off from December twenty-eighth to January third.

あなたの国では一般的にいつ休暇を取るのですか。	When do you usually take vacations in your country?
休暇はどれくらいですか。	How long is your vacation?
あなたは休暇をどのようにして過ごしますか。	How do you spend your holidays?

③ 日本家屋・和室について ······ ◉ DISK 1　TRACK 35

伝統的な日本家屋は風通しのよい構造になっています。	Traditional Japanese houses are built to give good air circulation.
日本の夏は蒸し暑いからです。	This is because summer in Japan is very hot and humid.
部屋と部屋はふすまで仕切られています。	The rooms are divided by *fusuma* sliding doors.
ふすまは和紙でできています。	*Fusuma* are made from *washi* paper.
和紙は丈夫で、湿気を取り除きます。	Japanese *washi* paper is strong and adjusts to the humidity.
ふすまはくぎなどで固定されていません。	The *fusuma* doors aren't nailed down.
部屋を広く使いたいときはふすまを取り外すことができます。	You can remove them when you need an open space.

例えば、客や家族が集まるため
の場所が必要なときは、ふすま
を取り外せます。

For example, when you need
space for guests and family
gatherings, the doors can be
removed.

プライバシーがほしいときはふ
すまを閉めます。

You can close the door when
you want privacy.

ひとつの空間を有効活用できます。

It enables you to use the
space freely.

たたみについて・日本家屋に見られる自然の素材

床はたたみです。

Tatami mats are used for
flooring.

たたみは縦 180cm、横 90cm
です。

Tatami is a hundred-eighty
centimeters long and ninety
centimeters wide.

たたみで部屋の大きさを測れます。

Tatami can be used to
measure the size of the room.

4畳半、6畳、8畳などです。

For example, there are four-
and-a-half-mat, six-mat, or
eight mat-rooms.

たたみは稲わらとイグサからで
きています。

Tatami is made from rice-
straw and rush plants.

たたみには吸湿性があります。

The *tatami* absorbs humidity.

たたみは夏は涼しく、冬は温か
いです。

Tatami is cool in the summer
and warm in the winter.

たたみも和紙も日本の気候によ
く合っています。

Both *tatami* and *washi* suit
the humid Japanese climate.

わら、木、紙など、日本家屋には自然のものがうまく取り入れられています。

Natural things such as rice-straw, wood, and paper are well-incorporated in Japanese houses.

和室について：床の間・障子

和室はとてもシンプルです。

Japanese rooms are very simple.

ごちゃごちゃと飾りたてていません。

There isn't any excess ornamentation.

たいていは、たたみの上に低いテーブルとざぶとんがあるだけです。

There is usually only a low table and *zabuton* cushions on the *tatami*.

部屋の装飾部として床の間があります。

The decorative feature of the room is the alcove.

床の間には花や掛け軸があります。

There is a simple flower arrangement and a hanging scroll in the alcove.

日本家屋は自然に向かって広がっています。

Japanese-style houses are open to nature.

例えば、窓はカーテンで覆われていません。

For example, the windows aren't completely covered with curtains.

カーテンの代わりに障子があります。

In place of curtains, there are *shoji* sliding doors.

障子はうすい和紙でできています。

Shoji is made of thin Japanese *washi* paper.

障子を通してやわらかい光が差し込みます。

Shoji allows the soft sunlight to come through.

庭の木の影が障子に映ります。	The shadows of the trees in the garden are reflected on the *shoji*.
光と影が部屋の表情を変えます。	Light and shadow change the atmosphere of the room.
時間の流れを感じることができます。	You can feel the passing of the time.
障子を開ければ庭へとつながります。	You have a continuation to the garden when you open the *shoji*.

和室に通す：ざぶとん・座いす・正座・あぐら

和室に入るときはスリッパを脱いでください。	Please take off your slippers when entering a *tatami* room.
頭をぶつけないように。	Watch your head.
こちらに座ってください。	Please sit here.
このクッションに座ってください。	Please sit on this cushion.
このクッションは「ざぶとん」です。	This cushion is called "*zabuton*."
これは「座いす」です。	This chair is called "*zaisu*."
後ろに寄りかかれます。	You can lean back.
フォーマルな座り方は正座です。	The formal sitting position is *seiza*.
このようにして座ります。 （座って示す）	You sit like this.
正座は座りにくいです。	The *seiza* position is uncomfortable.
正座を長くすると足がしびれます。	Your feet go to sleep if you sit in that position for a long time.

どうぞ足をくずしてください。	Please sit in a more comfortable position.
男性 / 女性はこのようにして座ります。（座って示す）	Men/Women sit like this.
男性はあぐらで座ります。	Men sit in a cross-legged position.
女性は足を横にして座ります。	Women sit with their legs folded on one side.

 4 着物について ················· ◎ DISK 1　TRACK 36

※着物（みやげ屋にある着物・じんべい）についての表現は「買い物をする・おみやげを選ぶ」の章も参照。

いつ着物を着るか・着物の値段とその価値・デザインの特徴

着物は美しい日本の民族衣装です。	*Kimono* is the beautiful national costume of Japan.
日本人はみんな着物を着るというイメージがあったかもしれませんね。	You may have imagined that all Japanese wear *kimono* daily.
現在、着物は特別なときにしか着られなくなりました。	Nowadays, *kimono* is worn only on special occasions.
例えば、結婚式、お葬式、正式な儀式のときなどです。	For example, *kimono* is worn for weddings, funerals, and other formal ceremonies.
本物の着物は絹からできています。	A real *kimono* is made of silk.
絹の着物は高いです。	A silk *kimono* is expensive.

数十万円以上します。	It costs several hundred thousand yen or more.
高すぎると思うかもしれませんね。	You might think it's too expensive.
けれどもよい着物は一生ものです。	However, a good *kimono* can be worn for life.
何代にも渡って受け継がれます。	It's handed down from generation to generation.
着物はとても機能的にできています。	*Kimono* is a well-made piece of clothing.
あらゆる体型に合うデザインです。	It is designed to fit all body types.
着物のデザインは1種類しかありません。	*Kimono* has only one basic design.
デザインは昔から変わっていません。	The design hasn't changed for hundreds of years.
仕立て直しをすれば何年も着られます。	With a little bit of re-tailoring it can be worn for years.
人々は一枚の着物を大切に着ます。	People wear one *kimono* for years and treat it with loving care.

着つけ・着物の着ごこちについて

現在、着物をひとりで着られる人は少ないです。	Nowadays, only a few can wear a *kimono* by themselves.
着物を着るときはたいてい着つけの人に頼みます。	Usually people ask a *kimono* dresser to dress them.
着物そのものは体をしめつけないゆるやかなデザインです。	The *kimono* itself is a loosely fitted garment.

着物にはボタンもチャックもありません。

There are no buttons or zippers on a *kimono*.

「帯」というサッシュだけで結んで留めます。

It's adjusted to your body using only a sash called an "*obi*."

フォーマルな帯はだいたい4mです。

The formal *obi* is about four meters long.

帯は2回巻きます。

The *obi* is wrapped around two times.

後ろで留めます。

You tie it in the back.

結び方もいろいろあります。

There are several ways to tie it.

リボンのように美しく結びます。

It's tied beautifully like a ribbon.

うしろ姿も着物のコーディネーションの一部です。

The back view of the *obi* and *kimono* is part of *kimono* coordination.

帯がほどけないかと不思議に思うかもしれませんね。

You may wonder if it doesn't loosen and fall apart.

絹の場合はそのようなことは起きません。

That doesn't happen when you're wearing a silk *kimono*.

絹は自然と重なり合い、身体にフィットします。

The silk fits well and naturally adjusts itself to your body.

着物は決して窮屈なものではありません。

Wearing a *kimono* is not as uncomfortable as you'd think it would be.

その人の体型の美しさを自然に引き出してくれる衣服です。

It fits naturally and makes you look good.

着ている着物の種類で、その女性のおおよその年齢と結婚しているかどうかがわかります。

You can know the approximate age and marital status of a woman by the type of *kimono* she's wearing.

そで丈には意味があります。

The length of the sleeves has a meaning.

そで丈が長い着物は若い未婚女性が着ます。

A *kimono* with long sleeves is worn by single young women.

そで丈の短い着物は既婚女性が着ます。

A *kimono* with short sleeves is worn by married women.

嫁ぎ先に留まるという意味でそでを短くするのです。

The sleeves are cut short to express that a woman is tied eternally to her husband's family.

人をもてなす仲居さんが着る着物のそで丈は短いです。

Waitresses who serve at Japanese restaurants wear short-sleeved *kimono*s.

後ろえりの開き具合も年齢を表します。

The back neckline also shows the age difference.

若い人はうなじを隠します。

Young women cover their neck.

年配になるほど後ろえりを開けます。

Older women lower their back neckline.

芸者は後ろえりを深く開けて背中を見せます。

Geisha girls lower their back neckline to show their backs.

背中を出して妖艶さを演出します。

By showing their back they appear sexy.

今度、着物を着ている人がいたら見てみてください。	Next time look carefully when you see someone wearing a *kimono*.
おおよその年齢と結婚しているかどうかがわかりますよ。	You'll be able to tell their approximate age and marital status.

⑤ 基本的な日本語のあいさつ… ◉ DISK 1　TRACK 37

①日本語の簡単な表現を教えることもコミュニケーションをはかるひとつの方法です。言葉をローマ字で書いてあげ、その表現と発音を覚えてもらいましょう。

②「日本語では…と言います」の言い方は "We say ＋日本語の単語＋ in Japanese." です。

　例：日本語では「おはよう」と言います。

　　　We say *ohayō* in Japanese.

「簡単な日本語を教えましょう」

簡単な日本語のあいさつを教えましょう。	Let me teach you simple Japanese greetings.
便利な日本語のフレーズを教えましょう。	I'll teach you convenient Japanese phrases.
覚えておくと便利です。	They'll come in handy.
英語で書いてあげましょう。	I'll write them in English for you.
私のあとで繰り返してください。	Repeat after me.

アクセントは「と」にあります。	The accent is on the "*to.*"
語尾は上げて発音します。	It has a rising intonation.
語尾は下げます。	It has a falling intonation.
最後の音節は伸ばします。	The last syllable is elongated.
発音がいいですね。	You have good pronunciation.

「はい」「いいえ」／「わかります」「わかりません」

"Yes." は「はい」です。	"Yes." is "*Hai.*"
"No." は「いいえ」です。	"No." is "*Iie.*"
「はい」の語尾を上げて発音すると「えっ？今なんて？」という意味になります。	If you say "*Hai*" in a rising intonation, it means, "Pardon me?"
"I understand." は「わかります」です。	"I understand." is "*Wakarimasu.*"
"I don't understand." は「わかりません」です。	"I don't understand." is "*Wakarimasen.*"

基本的なあいさつ：一日のあいさつ・人と会ったときのあいさつ

"Good morning." は「おはようございます」です。	"Good morning." is "*Ohayō gozaimasu.*"
「おはよう」だけでも通じます。	Or you can simply say, "*Ohayō.*"
「〜よう」は伸ばします。	"*-Yō*" is elongated.
"Hello." は「こんにちは」です。	"Hello." is "*Konnichiwa.*"

"Good evening." は「こんばんは」です。

"Good evening." is *"Kombanwa."*

"Good night." は「おやすみなさい」です。

"Good night." is *"Oyasuminasai."*

"How do you do?" は「はじめまして」です。

"How do you do?" is *"Hajimemashite."*

"How are you?" は「元気ですか」です。

"How are you?" is *"Genki desuka."*

別れのあいさつ：「さようなら」のバリエーション・「失礼します」「お疲れさま」「また会いましょう」

「さようなら」にはいくつかの言い方があります。

There are several ways to say "Good bye."

基本の "Good bye." は「さようなら」です。

The basic "Good-bye." is *"Sayōnara."*

若い人の間では英語の「バイバイ」も使われます。

The English "Bye-bye" is used among young people.

「バイバイ」は親しい友達の間で使われます。

"Bye-bye" is used among close friends.

人の家や事務所をあとにするときは「失礼します」と言います。

When you leave the house or office you say, *"Shitsurei shimasu."*

「失礼します」は便利な表現です。

"Shitsurei shimasu" is a convenient phrase.

入室・退室、どちらの場合でも使えます。

It can also be used both when entering and leaving the room.

「失礼」は直訳すると "Excuse me." になります。

"Shitsurei" literally means "Excuse me."

「お疲れさま」は仕事関係者と別れるときに使う表現です。

"Otsukaresama" is a commonly used phrase when parting with work-related people.

「お疲れさま」は直訳すると「よくやってくれました」という意味です。

"Otsukaresama" literally means "I appreciate your hard work."

"See you again." は「また会いましょう」です。

"See you again." is "Mata aimashō."

お礼の言い方:「ありがとう」のバリエーション・「どうも」の用法

"Thank you." は「どうもありがとう」です。

"Thank you." is "Dōmo arigatō."

「～とう」は伸ばします。

"-Tō" is elongated.

"Thank you very much." は「どうもありがとうございます」です。

"Thank you very much." is "Dōmo arigatō gozaimasu."

「ありがとう」だけでもお礼の意味になります。

"Arigatō" by itself means "Thank you," too.

カジュアルなお礼の表現は「どうも」です。

The casual way of expressing thanks is "Dōmo."

「どうも」は使用頻度が高いです。

"Dōmo" is used quite frequently.

英語の "Thanks." に似ています。

It's like "Thanks." in English.

例えば、レストランでウェイターがメニューと水を持ってきたとき、「どうも」と言います。

For example, at the restaurant, you say "Dōmo" when the waiter brings the menu and water.

「どうも」は簡単なあいさつ代わりにも使われます。

"Dōmo" can also be used as a simple greeting.

「どうも」を使って「こんにちは」や「さようなら」を表します。

People say *"Dōmo"* to express "Hello" or "Good bye."

一般的に頭を軽くさげて「どうも」と言います。

People usually bow slightly when they say *"Dōmo."*

2
1

あやまる：「ごめんなさい」「すみません」

"I'm sorry." は「ごめんなさい」または「すみません」です。

"I'm sorry." is *"Gomennasai"* or *"Sumimasen."*

「すみません」は「ごめんなさい」より多少丁寧な言い方です。

"Sumimasen" is a little more formal than *"Gomennasai."*

「すみません」はあやまるとき以外にも使われます。

"Sumimasen" does not only express apology.

「すみません」は人を呼ぶときにも使います。

"Sumimasen" is also used to call someone.

例えば、店で店員を呼びたいとき、「すみません」と言います。

For example, if you need help at a shop you call the shop clerk by saying, *"Sumimasen."*

お礼をするとき、「ありがとう」に加えて「すみません」と言う人もいます。

When thanking, some people say *"Sumimasen"* together with *"Arigatō."*

そして「お手数をおかけしました」という意味合いを伝えます。

It expresses the nuance of "Thank you for going through the trouble."

よく使われる日本語の表現に「よろしくお願いします」があります。

"Yoroshiku onegai shimasu" is a commonly used phrase in Japanese.

「よろしく」だけでも使われます。

It's also shortened to *"Yoroshiku."*

それにぴったりの英語の表現がありません。

There is no English equivalent for it.

基本的な意味は、「お世話になります。これからいいお付き合いをしていきましょう」という意味です。

It basically means, "I ask for your support and wish for a good relationship in the future."

さまざまなかたちで使われます。

It's used in various ways.

仕事や日常生活で使われます。

It's used in business and daily life.

いくつか例文を紹介しましょう。

Let me give you some examples.

初対面の人に「お会いできて嬉しいです」の意味で使われます。

It's used as "Nice to meet you." when you meet someone for the first time.

人に頼みごとをするときにも使います。

It's used when you ask a favor of someone.

「お願いします」自体は"Please."という意味です。

"Onegai shimasu" itself means "Please."

あいさつとして「お母さまによろしく」のようにも使います。

"Yoroshiku" also means "regards," as in "Please give my regards to your mother."

日本の四季と年中行事

Seasons and Japanese Annual Events

1 日本の気候 ・・・・・・・・・・・・・・・・・・・ ⊚ DISK 1　TRACK 38

四季について

日本には四季があります。	There are four seasons in Japan.
季節にはそれぞれのよさがあります。	Each season is nice in its own way.
人々は季節の移り変わりを楽しみます。	People enjoy the change of seasons.
春と秋は穏やかで過ごしやすいです。	The weather is nice in spring and autumn.

春

※「花見」についての解説は年中行事の欄を参照。

春は3月から5月です。	Spring is from March to May.
暖かいです。	It's warm.
日本で最もいい季節のひとつです。	It's one of the nicest seasons in Japan.
美しい桜を楽しむことができます。	We can enjoy the beautiful cherry blossoms.
人々は花見をします。	People go "flower-viewing."
春は新たなスタートを切る時期でもあります。	Spring also marks the beginning of a new term.

新学期や新年度は4月に始まります。	New school and business terms begin in April.
あなたの国ではいつ新学期が始まりますか。	When do you start school in your country?
国によって年度の開始時期が違いますね。	The starting of a new term varies from country to country.

梅雨

夏の前に梅雨があります。	There is a rainy season before summer.
梅雨は6月から7月の中ごろまでです。	The rainy season is from June to mid-July.
雨がたくさん降るじめじめとした季節です。	It's a gloomy season with a lot of rain.

夏

※「花火大会」と「盆」については年中行事の欄を参照。

梅雨が明けると暑い夏がやってきます。	After the rainy season, comes the hot summer.
夏は6月から8月です。	Summer is from June to August.
日本の夏はとても暑くて湿度が高いです。	The Japanese summer is very hot and humid.
せみが鳴きます。	You can hear cicadas singing.
せみの鳴き声を聞いたことがありますか。	Have you heard cicadas before?

せみの鳴き声はにぎやかです。	They are very loud and noisy.
各地で花火大会や夏祭りが行われます。	Fireworks displays and summer festivals are held across Japan.
学校の夏休みは7月半ばすぎから8月いっぱいです。	Schools are off from mid-July to the end of August.
8月の中ごろに盆休みがあります。	There is *Bon* vacation in mid-August.
9月まで残暑がきびしいです。	The summer heat lingers on to September.

台風

10月は台風が多いです。	There are many typhoons in October.
"Typhoon" は日本語で「台風」と言います。	Typhoon in Japanese is called "*taifū*."
"Typhoon" と「台風」、似ていますね。	"Typhoon" and "*taifū*" sound similar.
語源にはいくつかの説があります。	There are several theories on the origin of the word.
中国語の「大風」からきたという説がひとつ。	Some say it came from the Chinese meaning "windstorm."
それから英語の "typhoon" を音訳したという説もあります。	Some say people adopted the sound of the English word.

秋

台風の時期がすぎると美しい秋がやってきます。	The typhoon season is followed by a beautiful autumn.
秋はいい季節です。	Autumn is a great season.
涼しくなります。	It gets cooler.
紅葉が美しいです。	You can enjoy the beautiful foliage.
葉が赤や黄色に変わります。	The leaves turn red and yellow.
行楽の時期です。	It's a perfect time to enjoy outdoor activities.
人々はハイキングに行ったり、郊外に出かけます。	People go hiking and visit the countryside.
美しい景色を楽しみます。	People enjoy the beautiful scenery.

冬

冬は12月から2月です。	Winter is from December to February.
冬は寒いです。	It's cold in winter.
北海道や東北地方では雪が降ります。	It snows in Hokkaidō and northern regions.
人々は冬のスポーツを楽しみます。	People enjoy winter sports.
スキーやスノーボードに出かけます。	People go skiing and snowboarding.

あなたは冬のスポーツが好きですか。	Do you like winter sports?
この辺ではあまり雪は降りません。	It seldom snows in this area.
この辺は雪が降ります。	It snows in this area.

2 季節・天候についての会話 ⋯ ◎ DISK 1　TRACK 39

来日の時期ついて

今は日本で一番いい季節です。	Now is the best season in Japan.
今は日本で一番うっとうしい時期です。	Now is the gloomist season in Japan.
今は日本で最も暑い / 寒い時期です。	Now is the hottest/coldest time in Japan.
いい季節に来られてよかったです。	I'm glad you came in a good season.
気候が悪い時期で残念です。	Too bad it's not a good season.
今度は春 / 秋にいらしてください。	Please come in spring/autumn the next time.

その日の天気について話す

今日は晴れてよかったです。	I'm glad that the weather is nice today.
今日はあいにくの天気です。	Too bad the weather is bad today.

このところいい天気が続いています。	The weather has been nice recently.
このところずっと雨が続いています。	The weather has been bad recently.
天気予報によると明日から晴れるそうです。	The weather forecast said that it will clear up tomorrow.
天気予報によると来週から天気がくずれるそうです。	The weather forecast said it might start raining from next week.
今日は暖かいですね。	It's a warm day, isn't it?
今日は暑いですね。	It's a hot day, isn't it?
蒸し暑いですね。	It's humid, isn't it?
涼しいですね。	It's cool, isn't it?
寒いですね。	It's cold, isn't it?

相手の国の天気・季節についてたずねる

あなたの国に四季はありますか。	Do you have seasonal changes in your country?
あなたの国の気候はどうですか。	How is the weather in your country?
あなたの国に梅雨はありますか。	Is there a rainy season in your country?
あなたの国では雪が降りますか。	Does it snow in your country?
あなたの好きな季節はいつですか。	What is your favorite season?

③ 年中行事を紹介する ············ ⊙ DISK 1 TRACK 40

①年中行事について説明するとき、言葉だけではイメージを伝えること が難しい場合があります。そのときは以下のフレーズを使って写真や 絵を見せながら説明してみてください。写真が手元にないときは、 "Too bad I don't have a picture I can show you.（お見せできる写 真がなくて残念です）" と言いましょう。

②例えば、"*hina* dolls（ひな人形）" や "*matsuri*（祭り）" など、日本 語を使って説明するときは "It's h-i-n-a." や "m-a-t-s-u-r-i" のように スペルを言うと、日本語が正確に伝わります。

③また、相手の国にどのような年中行事があるのか、たずねて会話を発 展させましょう。

ご説明しましょう。	Let me explain it.
写真 / 絵を見せましょう。	Let me show you a picture. 注）写真も絵も picture で伝わります。
それについての本があります。	I have a book about it.
写真がないのが残念です。	Too bad I don't have a picture.
あなたの国にはこのような習慣 はありますか。 （自分が説明した後で）	Are there similar customs in your country?

相手の国の年中行事について質問をする

あなたの国にはどのような年中 行事がありますか。	What kind of annual events are there in your country?

| 何のお祝いですか。 | What kind of event is it? |
| どのようにして祝いますか。 | How do you celebrate it? |

 **4 正月** ································· ⊙ DISK 1 TRACK 41

日本の正月

お正月は日本で最も大きな年中行事です。	New Year's is the biggest event of the year in Japan.
正月のあいさつは「明けましておめでとう」です。	"Happy New Year" in Japanese is "*Akemashite omedetō*."
気持ちを新たにするときです。	It's time to make a new start with a fresh feeling.
親戚一同が集まる機会です。	It's time for the family and relatives to get together.
たくさんの人が帰省します。	Many people return to their hometown to visit their family.
友人たちや職場で新年会が行われます。	New Year parties are held among friends and at the workplace.
人々は寺や神社に初もうでに行きます。	People visit temples and shrines to pray.
その年の幸福と健康を祈ります。	People pray for happiness and good health throughout the year.
お守りや破魔矢を買います。	People buy amulets and *hamaya*.

126

「破魔矢」は魔よけのための矢です。	*Hamaya* is an arrow to ward off evil.
私は毎年神社にお参りに行きます。	I visit a shrine every year to pray for good luck.

正月飾り

年末から新年にかけて、正月飾りを飾ります。	New Year decorations are put up from the end of the year to the beginning of the New Year.
店、家、車のバンパーにも正月飾りが見られます。	You'll see them at shops, houses, and even on car bumpers.
正月飾りは神を迎えるためのものです。	New Year decorations are meant to welcome God.

門松

門の両脇に門松を立てます。	We decorate a set of *kadomatsu* at both sides of the gate.
門松は松と竹でできています。	*Kadomatsu* is made of pine and bamboo.
松も竹も常緑の植物です。	Both pine and bamboo are evergreen.
松は神が宿る神聖な木とされています。	Pine trees where god descends are considered sacred.
竹は強くしなやかです。	Bamboo is strong and flexible.

しめ飾り

玄関にはしめ飾りをつけます。	We decorate *shimekazari* by the entrance.
聖域だということを示すためです。	It indicates the area is sacred.
わら、海草、だいだい、えび、白いジグザグの紙などで構成されています。	*Shimekazari* consists of straw, seaweed, bitter orange, prawn, and white zigzag paper.
それらはすべて縁起のいいものです。	They are all symbols of good luck.

鏡もち

家の中には鏡もちを供えます。	In the house we put up a *kagamimochi*.
鏡もちは神にお供えするもちです。	*Kagamimochi* is a rice cake offered to God.

おせち料理

日本では正月に特別な料理を作ります。	People cook special New Year's food.
「おせち料理」と呼ばれています。	The New Year's food is called "*osechi ryōri*."
健康や長寿を象徴する料理を作ります。	All the food symbolizes good health and longevity.
例えば、数の子があります。	For example, there is herring roe.
子孫繁栄のシンボルです。	It's the symbol of family prosperity.

黒豆があります。	There are black beans.
労働と健康を表します。	They are the symbol of hard work and good health.
おせちは重箱に入れます。	The food is displayed in lacquer boxes.
おせち料理を注文する人も最近は増えています。	Recently, some families order ready-made New Year's food.

雑煮

年が明けると雑煮を食べます。	At the beginning of the New Year, we eat *zōni*.
雑煮はもちをスープに入れて食べる料理です。	*Zōni* is a rice cake soup.
神にお供えしたもちを食べることで、神の力を授かると信じられていました。	By eating rice cakes that were offered to God, people believed that they would gain the power of God.

年賀状

友人や職場の人に年賀状を送ります。	We send New Year's cards to friends and colleagues.
カードではなく、はがきです。	They are postcards, not regular cards.
新年のあいさつをし、幸福を祈ります。	We write New Year's greetings and wish everyone happiness.

お年玉

大人は子供にお年玉を渡します。	Adults give New Year money gifts to children.
自分の子供や甥や姪などに渡します。	They give them to their children and to their nephews and nieces.
特に値段は決まっていません。	There is no "proper amount."
私は小学生ならだいたい3千円、中学生は5千円おくります。	I give about three-thousand yen to elementary school children, and five-thousand yen if they are junior high school students.
もともとは子供の健康を願って丸いもちを配る習慣でした。	A long time ago people gave round rice cakes to children to wish them good health.

仕事始め・店の営業

会社は一般的に3日まで休みです。	Offices are usually closed until the third.
通常、4日が仕事始めです。	People usually start working from the fourth.
正月はほとんどの店が休業します。	Most shops are usually closed during New Year's.
デパートやスーパーは3日ごろから営業します。	Department stores and supermarkets are open from around the third.
デパートでは新年特別セールが行われます。	Department stores have special New Year's sales.

福袋を売っています。	They sell *fukubukuro*.
いろいろなものが入っている新年の特別な袋です。	It's a special New Year package that comes with a variety of goods.
何が入っているかは開けてからのお楽しみです。	You don't know what's inside until you open it.

新年の抱負

人々は新年の抱負を語ります。	People make a New Year resolution.
あなたの今年の抱負は何ですか。	What is your New Year resolution?
私の今年の目標は英語を上達させることです。	My New Year resolution is to improve my English.

正月の過ごし方について話す・たずねる

私は家でのんびりします。	I stay home and relax.
家族と過ごします。	I spend time with my family.
親戚のところに行きます。	I visit my relatives.
義理の両親の家に行きます。	I visit my in-laws.
旅行をします。	I travel.
神社に行きます。	I go to a shrine.
初日の出を見に行きます。	I go to see the first sunrise of the year.
あなたはどのように正月を過ごしますか。	How do you spend your New Year?

1月の第二月曜日に成人の日があります。	There is a Coming-of-Age Day on the second Monday of January.
二十歳になる人のためのお祝いです。	It's the day for those who turn twenty to celebrate.
男性も女性も晴れ着を着て地元の公民館に集まります。	Many men and women dress up and go to a public hall.
市長が祝いのスピーチをします。	There is a celebration speech by the mayor.
たくさんの女性が美しい振そでを着ます。	A lot of women dress in beautiful *kimono*.
スタジオで記念写真を撮る機会です。	It's one of the times when we take formal studio pictures.
日本では二十歳になると法的に「大人」として認められます。	In Japan, twenty is the age when we are officially declared an "adult."
二十歳になると選挙権が与えられます。	People get voting rights when they turn twenty.
タバコを吸ったり酒を飲むことが認められます。	People are allowed to smoke and drink.
あなたの国で法的に「成人」として認められるのは何歳ですか。	When are you officially declared an adult in your country?

節分は豆まきの儀式です。	*Setsubun* is a bean-throwing ceremony.
２月３日ごろ行われます。	It's held around February third.
炒った豆を家の中と外に投げます。	People throw roasted soybeans inside and outside their houses.
大豆には悪霊を追い払う力があると考えられていました。	Roasted beans are believed to have the power to cast out demons.
「鬼は外、福は内」と言いながら豆をまきます。	People say, "Devils out! Good luck in!"
こうして鬼を追い出し、福を招きます。	In this way, people drive out evil and invite good luck in.
年の数だけ豆を食べると健康になると言われています。	People eat the same number of beans as their age for good health.
スーパーなどでパック入りの豆が売られます。	Beans are sold at supermarkets in small packets.
豆は数百円で買えます。	You can get them for several hundred yen.
豆は香ばしいです。	They are quite tasty.

2 2 日本の四季と年中行事

2月14日はバレンタインデーです。

February fourteenth is Valentine's day.

日本では女性が好きな男性にチョコレートを贈ります。

In Japan, women give chocolates to men they like.

義理チョコと呼ばれる習慣があります。

There is a custom called *giri* chocolate.

「義理」とは"obligation"という意味です。

"*Giri*" means "obligation."

義理や恩を感じる人にチョコレートを贈ります。

Women give *giri* chocolates to people they feel obligated to.

この時期、街のあちこちでチョコレートが売られます。

Chocolates are sold everywhere during the Valentine season.

1ヶ月後に男性が何かお返しをします。

Men are expected give a return gift a month later.

その日を「ホワイトデー」と言います。

That is called "White Day."

日本では贈り物に対してよく「お返し」をします。

In Japan, it's common to give a "return-gift."

あなたの国ではどのようにバレンタインデーを祝いますか。

How do you celebrate Valentine's Day in your country?

8 ひな祭り

8 ひな祭り

8 ひな祭り

8 ひな祭り

8 ひな祭り

みやげ屋でひな人形を見かけましたか。

Have you seen *hina* dolls at souvenir shops?

ひな人形はひな祭りのために飾る人形です。

Hina dolls are displayed during the Doll Festival.

ひな祭りは3月3日に行われます。

The Doll Festival is held on March third.

女の子の成長と健康を祝う日です。

It's a day to celebrate the growth and good health of girls.

女の子のいる家庭ではひな人形を飾ります。

Families with girls put out *hina* dolls in their homes.

お内裏さまとお雛さまを含め15体の人形があります。

There are fifteen dolls including an Emperor and Empress.

お内裏さまとお雛さまだけを飾ることもあります。

Sometimes people put out only the Emperor and Empress dolls.

昔、人々は紙人形を川や海に流しました。

Long ago, people set the paper dolls to float down the rivers or in the sea.

自分のけがれや災いを運び去ってくれるよう願って人形を流しました。

They hoped that the dolls would carry away their sins and misfortunes.

ひな人形は親から子供へと受け継がれます。

Hina dolls are handed down from generation to generation.

日本人は桜が好きです。	Japanese people are fond of cherry blossoms.
桜は日本の国花です。	The cherry blossom is the national flower of Japan.
桜の時期に人は花見に行きます。	People go flower-viewing during the cherry blossom season.
花を見ることを日本語で「花見」と言います。	"Flower-viewing" in Japanese is called "*hanami*."
桜の木の下で花見パーティーをします。	People have "*hanami* parties" under the cherry trees.
もともとは宗教的な儀式でした。	Flower-viewing originated as a religious ritual.
桜は神様が降りてくる木と考えられていました。	People believed god descended to the cherry trees.
人々は料理と酒で神様を迎えたのです。	People welcomed god with food and drink.
今は宗教的な意味合いは失われてしまったかもしれません。	The religious meaning may be lost to many people now.
それでも多くの人が花見を楽しみます。	People nevertheless enjoy flower-viewing.
今では花見を楽しむための場所取りがたいへんです。	People compete to get a good location to enjoy "*hanami*."
花びらが散っていく光景は雪のようで美しいです。	The falling petals like snowflakes are beautiful.

日本人は散りゆくはかなさに美を感じます。

Japanese people enjoy the fragile beauty of the falling petals.

私は毎年花見に行きます。

I go flower-viewing every year.

あなたは桜を見たことがありますか。

Have you seen cherry blossoms?

あなたの国の花は何ですか。

What's the national flower in your country?

⑩ ゴールデンウィーク ·············· ◉ DISK 1 TRACK 47

4月末から5月の初めにゴールデンウィークがあります。

There is Golden Week from the end of April to the beginning of May.

その週に祭日が集中しているのでゴールデンウィークと呼ばれています。

It's called Golden Week because there are many national holidays during the week.

4月29日はみどりの日です。

April twenty-ninth is Green Day.

みどりの日は昭和天皇の誕生日です。

Green Day is the birthday of Emperor Showa.

5月3日は憲法記念日です。

May third is Constitution Day.

5月5日はこどもの日です。

May fifth is Children's Day.

⑪ こどもの日 ·························· ◉ DISK 1 TRACK 48

そら高く泳いでいるのは、こいのぼりです。

The fish swimming in the sky are carp streamers.

こいのぼりはこどもの日の飾りです。	Carp streamers are put up for Children's Day.
こどもの日は5月5日です。	Children's Day is May fifth.
子供の成長を祝う日です。	It's the day to celebrate the growth of a child.
男の子のいる家庭では庭にこいのぼりを飾ります。	Families with boys decorate carp streamers in their yards.
マンションではベランダに小さいこいのぼりを飾ります。	Those who live in apartments put out small streamers.
この風習は中国の伝説にもとづいています。	This practice is based on a Chinese legend.
鯉（こい）は流れの急な滝をのぼって竜になると言われています。	Carps are believed to swim up the strong current of a waterfall and become a dragon.
鯉（こい）は立身出世の象徴です。	They are a symbol of success in life.
強い子供に育ってほしいとの親の願いが込められています。	Parents pray that their sons become strong and brave.
私も子供の頃、両親が庭にこいのぼりを立ててくれました。	My parents used to put up the carp streamers in our yard.

12 七夕 .... ◎ DISK 1　TRACK 49

笹は七夕の飾りです。	The bamboo decoration is for *Tanabata*.

七夕は7月7日に行われる星祭りです。

Tanabata is the Star Festival held on July seventh.

きれいな紙で笹を飾ります。

We decorate bamboo branches with pretty papers.

クリスマスツリーのような感じです。

They look like Christmas trees.

人々は短ざくに願いごとを書きます。

People write their wishes on a strip of paper.

そして短ざくを笹に結び付けます。

Then they tie it on the bamboo branches.

笹を庭先に飾ります。

We put out the bamboo decoration in the yard.

晴れていれば天の川をはさんでふたつの星が見えるはずです。

If the weather is nice, you'll see two stars shining at each side of the Milky Way.

ふたつの星は織姫星と牽牛（けんぎゅう）星です。

The stars are Vega the weaver, and Altair the herdsman.

七夕には伝説があります。

There is an old tale of *Tanabata*.

昔、織姫と牽牛がいました。

Long ago, there was a weaver girl and a herdsman.

ふたりは深く愛し合っていました。

They loved each other deeply.

ところが天の川をはさんで離れ離れになってしまいました。

Sadly, they were separated on each side of the Milky Way.

ふたりが年に一度会うのが7月7日です。

They were allowed to meet once a year on July seventh.

日本では夏と冬に贈り物をする習慣があります。	In Japan, there is a gift-giving custom in summer and winter.
お世話になった方々への感謝の気持ちを表すものです。	It's a custom to express appreciation to people you feel grateful to.
上司や先生に贈り物をします。	We send gifts to our bosses and teachers.
夏の贈り物のことを「中元」と言います。	The mid-summer gift is called "*chūgen*."
贈り物は7月の半ばまでに届くようにします。	The gifts are given by mid-July.
デパートではお中元のセクションが設けられます。	There is a *chūgen* section at department stores.
贈答品はデパートなどで選び、配送してもらうこともできます。	You can choose the gifts at department stores and have the gifts delivered.
贈り物は食べ物から石鹸といった日用品まで何でもいいのです。	The gift could be anything from food to daily products like soap.
あなたの国ではこのように贈り物をする習慣がありますか。	Do you have a gift-giving custom in your country?

14 盆

盆は亡くなった人々の霊を迎えるための仏教儀式です。	*Bon* is a Buddhist ritual to welcome the spirits of the deceased.
8月13日から16日に行われる仏教の行事です。	It's held from August thirteenth to the sixteenth.
7月の半ばに行うところもあります。	In some areas, it's held in mid-July.
人々は先祖の魂がこの時期に戻ってくると考えました。	People believed that the spirits of the ancestors return to this world during this period.
人々はお墓参りに行きます。	People visit the graves of their ancestors.
軒に迎え火をたきます。	People light fires by the gate.
霊が迷わないようにするためです。	In this way the spirits will find their way home.
霊を送り出すときは送り火をたきます。	We send the spirits back with a bonfire.
複数の精霊舟を川や海に流す地域もあります。	In some areas, several small lanterns are set to float down the rivers or in the sea.
これを「精霊流し」と呼びます。	This is called "*shōrō-nagashi.*"
魂が海の彼方のあの世に帰ると信じられていました。	People believed that the spirits would return to the other world beyond the sea.

盆は故人をしのび、思い出す機会です。	*Bon* is the time to remember our departed ones.

⑮ 花火大会 ·························· ◉ DISK 1　TRACK 52

※花火大会に誘うときの表現は「予定をたてる・待ち合わせをする」の章を参照。

花火大会は日本の夏の風物詩です。	Fireworks are spectacular summer events in Japan.
各地で花火大会が行われます。	Many fireworks displays are held across Japan.
"Fireworks" は日本語で「花火」と言います。	Fireworks are called "*hanabi*" in Japanese.
「花」は "flower" で「火」は "fire" という意味です。	"*Hana*" means "flower," and "*bi*" means "fire."
この言葉通り、日本の花火は花が咲いているようです。	As this word indicates, Japanese fireworks are indeed like flowers in bloom.
大きくてとても芸術的です。	They are huge and very artistic.
消えていく余韻も楽しみます。	We also enjoy the afterglow.
海や川辺で行われます。	The fireworks displays are held by the beach or riverside.
家庭でも夏になると花火を楽しみます。	Families enjoy doing firecrackers in summer.
花火のセットはコンビニでも売っています。	Firecrackers are sold at convenience stores.

| 蒸し暑い夏の夜の遊びです。 | It's nice entertainment for humid summer nights. |

 **16 祭り** ··· ◉ DISK 1　TRACK 53

> 祭りの由来・神輿（みこし）・はっぴ・盆踊り

※祭りに誘うときの表現は「予定をたてる・待ち合わせをする」の章を参照。

夏になると祭りが盛んに行われます。	There are many festivals in summer.
日本のフェスティバルは「祭り」と言います。	Japanese festivals are called *"matsuri."*
祭りは神道の儀式として始まりました。	*Matsuri* originated as a *Shinto* ritual.
祭りを行い、神を敬いました。	People held *matsuri* to worship God.
豊作や恵みを祈りました。	People prayed for a good harvest and blessings.
日本の祭りはにぎやかで陽気です。	Japanese festivals are lively and spirited.
はっぴを着た人々がみこしを担ぎます。	Portable shrines are carried by a group of people in *happi* coats.
「はっぴ」をご存知ですか。	Do you know *happi*?
はっぴとは短い着物の上着です。	*Happi* is a short *kimono* coat.
盆踊りがあります。	There will be *bon*-dance.

盆踊りは先祖の霊をとむらうための踊りです。	*Bon*-dance is a sacred dance performed for the spirits of the ancestors.
太鼓のリズムに合わせて踊ります。	You dance to the beat of drums.
祭りでは食べ物やゲームの露店が出ます。	There are food and game stalls at the festival.

祭りに行く

お祭りに行きましょう。	Let's go to the *matsuri*.
みこしが通りますよ！	Here comes the *mikoshi*!
「わっしょい！」というのは掛け声です。	People shout "*Wasshoi!*" to keep the rhythm and to keep up the spirit.
わた菓子やアイスキャンディーを売っています。	Shops have cotton candy and ice candy.
アニメのキャラクターのお面を売っています。	Shops sell masks of cartoon characters.
金魚すくいをやってみますか。	Do you want to try and catch the gold fish with the little paper net?
あそこで盆踊りをやっています。	They are having a *bon*-dance over there.
輪になって一緒に盆踊りをしましょう。	Let's get into the circle and *bon*-dance.
みんなに合わせて踊りましょう。	Watch and follow the other people.

11月15日に七五三があります。

There is *"shichi-go-san"* on November fifteenth.

「七五三」とは英語に直訳すると「7・5・3」になります。

It literally means "seven-five-three" in English.

子供の成長を祝う日です。

It's the day to celebrate the growth of children.

男の子は3歳と5歳。

For boys, it's three and five years old.

女の子は3歳と7歳。

For girls, it's three and seven years old.

親は子供を連れて神社に参拝に行きます。

Parents and children visit shrines.

神様にお礼をし、ご加護をお願いします。

They offer thanks to god and pray for blessings.

多くの子供は愛らしい晴れ着を着ます。

Many children are dressed in lovely *kimono*.

男の子は羽織とはかまを着ます。

Boys wear a two-piece boy's *kimono*, *"haori"* and *"hakama."*

子供たちは幅12cm、長さ40cmぐらいの細長い紙袋を持っています。

Children usually carry a long paper bag about 12cm wide and 40cm long.

袋の中には「千歳（ちとせ）あめ」という飴が入っています。

Inside the bag, there is a candy called *"chitose-ame."*

紅白の細長い飴です。

It's a long red-and-white stick candy.

「千歳（ちとせ）」は「千年」という意味です。

"Chitose" means "one-thousand years."

子供が長生きするようにとの願いが込められています。

Parents wish their children a long life.

家族写真を撮る機会です。

Many take family pictures at this time.

⑱ 歳暮 ···························· ◎ DISK 1　TRACK 55

※歳暮の品については「中元」の欄を参照。

「歳暮」は年の暮れに贈り物をする習慣です。

Seibo is a year-end gift-giving custom.

お中元同様、お世話になった人に贈り物をします。

Like *chūgen*, you send gifts to those you feel grateful to.

一年の終わりに相手への感謝の気持ちを表し、健康を祈ります。

You thank them and pray for their good health at the end of the year.

贈り物は 12 月の半ばまでに届くようにします。

The gifts should be sent by mid-December.

⑲ クリスマス ···················· ◎ DISK 1　TRACK 56

クリスマスは人気のあるイベントとして日本でも定着してきました。

Christmas has become one of the popular annual events in Japan.

宗教に関係なく、たくさんの人がクリスマスを楽しみます。

Many people enjoy Christmas regardless of religion.

店ではクリスマスツリーや飾り付けを見かけます。

You'll see shops with Christmas trees and decorations.

けれどもクリスマスは祭日ではありません。

However, it's not a national holiday.

仕事がある人は会社に行きます。

People have to work on Christmas day.

クリスマスイブに家族や友達と集まる人が多いです。

Families and friends usually get together on Christmas Eve.

パーティーを開いてプレゼント交換をします。

They have a Christmas party and exchange gifts.

日本では多くの人がクリスマスケーキを食べます。

Many Japanese people enjoy eating Christmas cake.

たくさんの菓子屋がケーキを販売します。

Many pastry shops sell cakes during this time.

日本のクリスマスはロマンスの時期でもあります。

Christmas in Japan is also a time for love and romance.

たくさんの若いカップルがクリスマスデートを楽しみます。

Many young couples enjoy a special Christmas date.

あなたの国ではどのようにクリスマスを祝いますか。

How do you celebrate Christmas in your country?

あなたはクリスマス休暇をどのように過ごしますか。

How do you spend your Christmas vacation?

クリスマスが終わるとお正月の準備を始めます。	After Christmas, people start preparing for the New Year.
師走（しわす）はとても忙しい時期です。	The end of the year is the busiest season in Japan.
あちこちで忘年会が開かれます。	There are "year-end" parties.
大掃除をします。	There is "year-end cleaning."
家や事務所を徹底的にきれいにします。	We do a thorough cleaning of the house and the office.
そうして気持ちを新たに新年を迎えます。	This way we can start the New Year with a fresh feeling.
大掃除はもともと宗教的儀式として始まりました。	The cleaning started as a religious ritual.
神を迎えるために家をきれいに清めました。	People purified the house to welcome God.
大掃除のほか、人々は正月飾りやおせちの材料を買うのに忙しいです。	Besides the cleaning, people are busy buying New Year's decorations and food.
年末から料理の準備をします。	People start preparing food from the end of the year.
正月の間、料理の負担を軽くするためです。	It's to reduce the burden of cooking during the New Year's.
仕事納めは 12 月 28 日ごろです。	The last day of work is around December twenty-eighth.

12月31日は大みそかです。

December thirty-first is New Year's Eve.

正月の準備を終え、人々は年が明けるのを待ちます。

After finishing all the preparations, people get ready to welcome the New Year.

テレビで毎年恒例の歌番組が放送されます。

There is an annual singing program on TV.

テレビを見ながら年越しそばを食べます。

People watch TV and eat *toshikoshi soba*.

「年越しそば」は年を越すときに食べるそばです。

They are "the year-end noodles."

長いそばを食べて長生きするように願います。

We hope that we will live a long life by eating long noodles.

家族で一家だんらんを楽しみます。

Families get together and enjoy their time together.

深夜12時をはさんでお寺の鐘が聞こえてきます。

Around midnight, you'll hear the ringing of a temple bell.

「除夜の鐘」と呼ばれるものです。

It's called *"joya no kane."*

寺の鐘は欧米の教会の鐘とは違います。

The temple bells are different from western bells at churches.

大きな鐘を長い棒で間を置きながら打ちます。

People hit one huge bell with a long bar one stroke at a time.

除夜の鐘は一つ一つゆっくりと響かせます。

People let the bell echo slowly one stroke by one stroke.

日本の四季と年中行事

除夜の鐘は 108 回鳴ります。	The bell is rung one-hundred and eight times.
108 は人間の煩悩の数と言われています。	One-hundred and eight represents the number of human beings' earthly desires.
煩悩を取り除くために鐘を鳴らします。	We ring the bell to remove these desires.
除夜の鐘を聞きながら、ゆく年に別れを告げ、新たな年を迎えます。	Listening to the sound of the bell, we say farewell to the passing of the year and welcome the New Year.

年越しについて話す・たずねる

私は毎年、家族と年を越します。	I spend New Year's Eve with my family.
実家に帰ります。	I go back home to visit my parents.
友達と出かけます。	I go out with my friends.
海外旅行をします。	I travel abroad.
あなたは大みそかに何をしますか。	What do you do on New Year's Eve?
あなたは大みそかに仕事をしますか。	Do you have to work on New Year's Eve?

Chapter 3 通貨・電話・風呂・トイレについて

Currency, Telephoning, How to Use the Bath and Toilet

1 日本の紙幣・消費税・物価 ‥‥‥‥ ◎ DISK 2　TRACK 3

通貨・紙幣・硬貨

日本の通貨の単位は「円」です。	The Japanese currency is yen.
お札の種類は4種類です。	There are four types of bills.
一万円札、五千円札、二千円札、千円札です。	There are ten-thousand, five-thousand, two-thousand, and one-thousand yen notes.
硬貨の種類は6種類です。	There are six types of coins.
硬貨は500円玉、100円玉、50円玉、10円玉、5円玉、1円玉があります。	There are five-hundred, one-hundred, fifty-yen, ten-yen, five-yen, and one-yen coins.
500円玉は新旧2種類の硬貨があります。	There are two types of five-hundred-yen coins; old and new.
新しい500円玉は黄色みがかっています。	The new coins are more yellowish.
新500円玉や2000円札に対応していない自動販売機があります。	Some vending machines don't accept new five-hundred yen coins and two-thousand yen bills.
お金を入れても戻ってきます。	The money will be returned to the slot.
機種を確認してから使いましょう。	So be sure to check the machine.

151

銀行の営業時間

銀行の窓口は平日の午前9時から午後3時まで営業しています。	Banks are open from nine a.m. to three p.m. on weekdays.
自動支払機は平日は夜まで開いています。	ATMs are open until night on weekdays.
ほとんどの自動支払機は週末も使えます。	Most ATMs can be used on weekends.

消費税・サービス料・チップ

日本には消費税があります。	You have to pay a consumption tax in Japan.
消費税は価格の5%です。	The consumption tax is five percent of the total price.
商品やサービスに課税されます。	All products and services are taxed.
税込み価格の商品もあります。	Some prices of products include tax.
一般的にホテルは消費税に加え、サービス料として10%課税します。	Normally, hotels charge ten percent as a service tax besides the consumption tax.
高級レストランでもサービス料を請求するところがあります。	Some expensive restaurants also have service charges.
日本ではチップを渡す習慣はありません。	Tipping is not customary in Japan.
あなたの国では買い物をするとき課税されますか。	Do you have to pay tax when you shop in your country?
税はどれくらいですか。	How much is the tax?

おおよその物価をご説明しましょう。	Let me give you some rough figures of prices.
120円で缶ジュースが1本買えます。	You can get a drink in a can for one-hundred twenty yen.
500円前後でコーヒーが1杯飲めます。	A cup of coffee costs about five-hundred yen.
ハンバーガーひとつは300円ぐらいです。	One hamburger costs about three hundred yen.
電車の一駅は150円前後です。	A train ticket for one stop is roughly one-hundred fifty yen.
いいステーキディナーは2、3千円します。	A nice steak dinner will cost two thousand to three thousand yen.
あなたの国ではコーヒー1杯いくらぐらいしますか。	How much does a cup of coffee cost in your country?
ステーキディナーはどれくらいかかりますか。	How much do you pay for a steak dinner?

② 電話について ・・・・・・・・・・・・・・・ ◎ DISK 2　TRACK 4

電話を使いたいのですか。	Do you want to use the phone?
どうぞ電話を使ってください。	Please use the phone.
私の携帯電話を使ってください。	Use my cell phone.
かけたい番号は何番ですか。	What number are you calling?

2
3
通貨・電話・風呂・トイレについて

このボタンを押せば外線につながります。	Press this button to dial.
受話器を取ればかけられます。	Just pick up the receiver.
ダイヤルトーンが聞こえます。	You'll hear the dial tone.
市内にかけるときは市外局番は必要ありません。	You don't need to dial the area code for local calls.
市外にかけるときは市外局番からダイヤルします。	When calling other cities, you have to dial the area code.
例えば、うちの番号は 045-122-3455 です。	For example, our number is 045-122-3455.
045 は横浜の市外局番です。	045 is the area code of Yokohama.
横浜市内にかけるときは 045 はいりません。	You don't need to dial 045 when calling within Yokohama.
東京の市外局番は 03 です。	The area code of Tokyo is 03.
横浜から東京にかけるときは 03 からかけます。	You must dial 03 if you're calling Tokyo from Yokohama.
市内・市外に関係なく、携帯電話からかけるときは市外局番が必要です。	Whether it's a local call or not, you must dial the area code when calling from a cell phone.

国際電話をかける

国際電話をかけますか。 | Do you want to make international calls?

直通国際電話の基本のかけ方は、「使う電話会社の番号＋010＋国番号＋地域番号＋かけたい番号」です。
地域番号が「0」から始まるときは、「0」を取ってかけます。 | The basic way to make a direct international call is: Dial the company code + 010 + country code + area code + the number.
You don't need to dial the initial zero of the area code.

あなたの国番号は何番ですか。 | What's your country code?

時差はどれくらいありますか。 | What's the time difference?

あなたの国は今、何時ですか。 | What time is it now in your country?

もう少しあとでかけましょう。 | Shall we try later?

7時まで待ちましょう。 | Let's wait until seven.

つながりましたか。 | Did you get him/her?

あとでもう一回かけてみましょう。 | Let's try and call again later.

コレクトコールをかけますか。 | Do you want to call collect?

私がオペレーターにかけましょう。 | I'll connect you with the operator.

公衆電話について

緑色とグレーの公衆電話があります。 | There are green and gray public phones.

グレーの電話はデジタル電話です。 | Gray phones are digital phones.

国際電話をかけるときは英語の表示を確認してください。	Look for the sign in English when you want to make international calls.
公衆電話を使うときは小銭が必要です。	You need small change when using public phones.
10円玉と100円玉が使えます。	Ten-yen and hundred-yen coins can be used.
市内通話には10円玉のほうが便利です。	Ten-yen coins are more convenient for local calls.
使わない10円玉が戻ってきます。	The unused coins will be returned.
100円玉だとおつりがきません。	You won't get change for hundred-yen coins.
区域内なら10円で1分間通話することができます。	When making a local call, you can talk for a minute for ten yen.
「テレホンカード」と呼ばれる電話カードもあります。	There is also a phone card called, "telephone card."
テレホンカードだと小銭を入れ続ける手間がはぶけます。	Telephone cards are convenient because you don't have to keep adding coins.
テレホンカード販売機がある電話ボックスがあります。	Some telephone boxes have a vending machine that sells phone cards.
テレホンカードはコンビニでも売っています。	Telephone cards are sold at convenience stores, too.
500円と1000円のテレホンカードがあります。	There are five-hundred-yen cards and one-thousand-yen cards.

③ 風呂について ························· ◎ DISK 2　TRACK 5

風呂に入る習慣

日本人にとって風呂はただ身体を洗うためのものではありません。

For Japanese people, taking a bath is not only to wash the body.

風呂に入ることでリラックスし、ストレスを解消します。

It's also a way to relax and release stress.

日本の家ではトイレと浴室は別々になっています。

The toilet and the bath are separate in Japanese houses.

風呂場には服を脱ぐスペースがあります。

There is a space to take off your clothes in the bathroom.

浴室にはシャワー、洗い場、それから浴槽があります。

In a bath, there is a shower, a washing space, and a tub.

身体を洗ったあと、ゆっくりと風呂につかります。

People go into the tub and relax after washing.

忙しい一日のあとに風呂に入ると気持ちがいいです。

It's nice to take a long bath after a busy day.

風呂の入り方

※風呂の入り方の表現については「自宅に迎える」の章の「客が泊まる・風呂について」を参照。

温泉について

温泉に行ったことがありますか。

Have you been to a hot spring?

"Hot spring" は日本語で「温泉」と呼ばれています。

A "hot spring" is called *"onsen"* in Japanese.

温泉旅行は日本人にとても人気があります。	A hot spring is a favorite holiday destination of Japanese people.
温泉には治癒効果があるとされます。	Hot springs are known to be therapeutic.
温泉によって効能はさまざまです。	There are different kinds of baths that work for specific ailments.
例えば、肩こりや腰痛に効く温泉があります。	For example, some are effective to heal stiff shoulders and back pain.
別のところはリュウマチに効きます。	Some are good for rheumatism.
露天風呂もあります。	There are outdoor hot springs, too.
きれいな景色を眺めながら風呂に入るのは最高です。	It's great to look at wonderful scenery while taking a bath.
風呂はたいてい男女別々です。	Usually, men and women are segregated.
他人の前で服を脱ぐことに抵抗があるかもしれませんね。	You might feel uncomfortable taking off your clothes in front of people.
最近では水着で入れる入浴施設もあります。	Recently, there are some facilities where you can take a bath with a bathing suit.
温泉に行きたいと思いますか。	Would you be interested in going to a hot spring?

 **4 トイレについて** ·················· ◎ DISK 2　TRACK 6

日本には2種類のトイレがあります。	There are two types of toilets in Japan.

和式トイレと洋式トイレです。	There are Japanese-style toilets and Western-style toilets.
トイレに行くときは「お手洗い」または「化粧室」という表示を探してください。（日本語で書いて説明する）	When you want to go to the restroom, look for the sign, "お手洗い" or "化粧室."
トイレットペーパーがない公衆トイレもあります。	Some public toilets don't have paper.
ティッシュは持ち歩いたほうがいいでしょう。	It would be better to carry tissue paper with you.
トイレの場所をたずねるときは「トイレはどこですか」と言います。	When you want to ask where the restroom is, say *"Toire wa doko desuka?"*

和式トイレの使い方

和式トイレはしゃがんで使うタイプです。	Japanese-style toilets are squat-type toilets.
和式トイレはスリッパのようなかたちをしています。	Japanese toilets look like a slipper.
座って使いません。	There are no seats to sit on.
どちらを向くか迷うかもしれませんね。	You might be confused which way to face.
丸みのある方に向かってしゃがみます。	You squat over facing the bowl.

通貨・電話・風呂・トイレについて

2
3

159

洋式トイレの種類・水を流す

中にはハイテクな洋式トイレがあります。

Some of the Western toilets are very high-tech.

暖房便座、ビデ、ドライヤーなどの機能がついています。

They have heated seats, bidets, and driers.

それらのトイレにはコントロールパネルが横についています。

Those toilets have a control panel on one side.

どれが「流す」ボタンなのかわかりにくいです。

It's difficult to find the flush button on the control panel.

「押」「おす」または「流す」と書いてあるボタンを探してください。（日本語で書いて説明する）

Look for the button that says, "押" or "おす" or "流す."

「押す」は "press" という意味で、「流す」は "flush" という意味です。

"*Osu*" means "press" and "*Nagasu*" means "flush."

立つと自動的に水が流れるトイレもあります。

Some toilets flush automatically as you leave.

センサーに手をかざして水を流すトイレもあります。

Sometimes you put your hand by the sensor to flush.

音消しについて

壁に小さな装置がついているトイレがあります。

Some toilets have a little device on the wall.

この装置のボタンを押すと水の流れる音がします。

When you press the button, it makes a flushing sound.

自分がたてる音を消すためのものです。

It's used to cover the noises you make.

 第3部 **案内する**

Chapter 1 交通機関を利用する
Using Public Transportation

※電車・バス・タクシーに乗る表現は「空港からホテルまで」の章も参照。

 交通機関について ・・・・・・・・・・・・ ◎ DISK 2　TRACK 7

電車・終電・タクシーの深夜料金について

日本では電車での移動が便利です。

Trains are convenient means of transportation in Japan.

時刻表通りに来ます。

They are punctual.

安全です。

They are safe.

街の地下鉄は数分おきに来ます。

The subways in the city area come every few minutes.

電車も地下鉄も 24 時間運転ではありません。

Trains and subways do not run twenty-four hours.

終電は 12 時前後です。

The last train leaves around midnight.

乗り遅れないように終電の時間をチェックしておきましょう。

Check the train schedule so you won't miss the last train.

終電を乗り過ごすとタクシーを利用しなくてはなりません。

You must take a taxi if you miss the last train.

※タクシーについてはこの章の「タクシーに乗る」を参照。

タクシーには深夜料金があります。

There is an extra night fee when you ride a taxi late at night.

午後 11 時から午前 5 時は深夜料金がかかります。	An extra fee will be charged between eleven p.m. and five a.m.
3 割増になります。	You have to pay thirty percent more.
夜だとタクシーがつかまりにくいこともあります。	Sometimes it's difficult to catch a taxi at night.

JR・地下鉄の路線図を説明する

JR の路線図を見ましょう。	Let's look at the JR map.
JR は Japan Railway の略です。	JR stands for Japan Railway.
各線は色分けされています。	Each line is color-coded.
これは山の手線です。	This is the Yamanote line.
地下鉄の路線図を見てみましょう。	Let's take a look at the subway map.
JR は白と黒の線で表示されています。	JR lines are indicated with black and white lines.
他の私鉄は細い線で表示されています。	The thin lines represent other private lines.
細長い丸で囲まれた駅名は乗換駅です。	Stations circled with an elongated circle serve as a transfer point.

アクセスの説明

渋谷へはいくつかの行き方があります。	There are several ways to get to Shibuya.
JR で行きます。	We'll take the JR.
東横線で行きます。	We'll take the Toyoko Line.
その方が早い / 安い / 簡単です。	It's faster/cheaper/easier.
乗り換えはありません。	We don't have to change trains.
乗り換えが一回あります。	We have to change trains once.
横浜で乗り換えます。	We'll change at Yokohama.
品川で山の手線に乗り換えます。	We'll take the Yamanote line from Shinagawa.
銀座から地下鉄に乗ります。	We'll take the subway from Ginza.

切符を渡す / 乗車券・特急券・グリーン車について

切符を買ってきます。	I'll get the tickets.
切符をどうぞ。	Here is your ticket. 注) 切符が一枚以上ある場合は〝Here are your tickets.〟
これが乗車券です。	This is the boarding ticket.
こちらが特急券です。	This is the express ticket.

164

この券はグリーン車用です。	This ticket is for the Green car.
グリーン車は特別車両です。	The Green car is a first-class car.
グリーン車はグリーン料金がかかります。	We have to pay extra for the Green car.

どこで切符が買えるか

自動販売機で切符が買えます。	You buy a ticket at the vending machine.
窓口でも切符が買えます。	You can also buy tickets at the ticket counter.
指定席のチケットは窓口で買います。	You buy the tickets for a reserved seat at the ticket counter.

自動販売機で切符を買う

運賃をチェックしましょう。	Let's check the fare.
運賃表はあそこです。(指して示す)	That's the fare map.
運賃表はほとんど日本語です。	It's mostly written in Japanese.
ここから東京駅まで680円です。	It's six-hundred eighty yen to Tokyo Station.
投入口に小銭を入れます。	You put the coins into the slot.
ここにお札を入れます。	You put in the bills here.
ときどきお札が戻ってきてしまいます。	Sometimes the machine won't accept the bill.
別のお札で試してみてください。	Try it again with another bill.

古い機種は新 500 円玉と 2000 円札が使えません。	Old machines don't accept new five-hundred yen coins and two-thousand yen bills.
人数ボタンを押します。	Press the button for number of people traveling.
料金ボタンを押します。	Press the fare button.
コンピューター画面を押します。	Press the computer display.
切符が出てきます。	The ticket will come out.
おつりを取り忘れないように。	Be sure to pick up your change.

切符の値段がわからないときはどうするか

切符の値段がわからないときは一番安い切符を買いましょう。	Buy the cheapest ticket if you don't know how much the fare is.
駅には精算機があります。	There are fare adjustment machines at stations.
電車を降りたら精算機を探してください。	Look for the fare adjustment machine when you get off the train.
精算機で料金を精算できます。	You can pay the difference with the fare adjustment machine.
精算機はたいてい改札口の手前にあります。	The fare adjustment machines are usually located before the ticket gate.
投入口に切符を入れます。	Put the ticket into the machine.

精算金額が表示されます。	The balance will be indicated on the screen.
精算機が見つからなかったら窓口に行ってください。	If you can't find the machine, go to the counter.
窓口で精算できます。	You can pay at the counter.
駅員が精算金額を教えてくれます。	The station attendant will tell you how much more you have to pay.

どの電車に乗るのかたずねたいときは

"Which train goes to Tokyo?" とたずねたいときは「東京行きは何番線ですか」と言いましょう。	If you want to ask, "Which train goes to Tokyo?" you say, "*Tokyo-iki wa namban sen desuka*?"
「何番線ですか」は「どの電車」という意味です。	"*Namban sen desuka*?" means "Which train?"
「行き」は「向かう」という意味です。	"*-Iki*" means "bound for."
"Does this train go to Tokyo?" とたずねたいときは電車を指して「東京に行きますか」と言いましょう。	If you want to ask "Does this train go to Tokyo?" point to the train and say, "*Tokyo ni ikimasuka*?"

③ ホームに向かう ·················· ◎ DISK 2　TRACK 9

改札を抜ける

改札を抜けます。	We go through the ticket gate.

投入口に切符を入れてください。	Put the ticket in that slot.
ゲートが開きます。	The gate will open.
切符を取ってください。	Take your ticket.
切符を取り忘れないように。	Don't forget to take your ticket.

ホームまで

こちらです。	We go this way.
1番線に乗ります。	We are taking the number one train.
階段を上ります。	We go up the stairs.
エスカレーターに乗ります。	We take the escalator.
左側に寄ってください。	Stay on the left.
右側は人が歩きます。	People walk on the right side.

売店・コンビニエンスストア・軽食屋

あそこにコンビニがあります。	There is a convenience store there.
必要なものはありますか。	Do you need anything?
売店があります。	There is a station stand.
飲み物、お菓子、新聞、雑誌を売っています。	They sell drinks, snacks, newspapers, and magazines.
あれは立ち食いそば屋です。	That's a noodle stand.
そばやうどんが食べられます。	They serve a hot bowl of *soba* or *udon* noodles.

※「そば」と「うどん」に関しての表現は「レストランに行く・食事を楽しむ」の章を参照。

168

喫煙について

駅構内は終日禁煙です。	Smoking is prohibited at the station all day.
たばこは指定の喫煙所で吸いましょう。	There is a smoking section if you want to smoke.
喫煙所はあそこです。	The smoking section is over there.

混雑の状況

すごい人でしょう。	You might be surprised at all the people.
ラッシュアワーと重なりました。	We hit the rush hour.
ホームから落ちないように気をつけてください。	Be careful not to fall from the platform.
この時間帯は混んでいません。	It's not crowded this time of day.
ラッシュ時は人があふれています。	It's packed with people during the rush hour.

時刻表を見る

あれが時刻表です。	That's the timetable.
こちらが土曜・休日用の時刻表です。	This side is the timetable for weekends and holidays.
こちらが平日用の時刻表です。	This side is for weekdays.
電車は今、行ったばかりです。	We just missed the train.
次の電車は1時50分に来ます。	The next train will come at one-fifty.

3
1

交通機関を利用する

電車の種類と所要時間

各駅停車に乗ります。	We're taking the local line.
急行に乗ります。	We're taking the express line.
東京まで1時間です。	It takes an hour to Tokyo.
4つ目の駅です。	It's the fourth stop.

電車を待つ

白線の内側を歩いてください。	Stay inside the white line.
ホームの前／後ろの方に行きましょう。	Let's go to the front/back of the platform.
前／後ろの方がすいています。	It's less crowded in the front/back.
ここに並びましょう。	Let's stand here.
扉が開くところにしるしがあります。	There are marks where the doors open.

 4 電車に乗る・車内の風景 ······ ◉ DISK 2 TRACK 10

電車に乗る

電車が来ました。	That's our train.
足元に気をつけてください。	Watch your step.
すいています。	It's not crowded.
混んでいますね。	It's crowded.
少しの辛抱です。	Hang in there. It's a short ride.

席を取ろうと押す人もいます。	Some people might push you to get a seat.
気をつけてください。	Be careful.

座席について

座れます。	We can sit down.
どこに座りますか。	Where do you want to sit?
ここに座りましょう。	Let's sit here.
座れません。	We can't sit down.
別々に座りましょう。	Let's sit separately.
あなたはここに座ってください。	You sit here.
私はあっちに座ります。	I'll sit there.

携帯電話について

車内で携帯電話を使うことは禁止されています。	We're not supposed to use cell phones on the train.
携帯でEメールをしている人がいます。	There are people doing e-mail with their cell phones.
メール機能がある携帯電話を持っている人が大勢います。	Many people have cell phones with an e-mail function.
インターネットをしたり、Eメールを送ることができます。	You can do internet and send e-mail.
あなたは携帯電話を使いますか。	Do you use a cell phone?
私はよく携帯を使います。	I use a cell phone a lot.

電車にはいろいろな広告があります。

There are all kinds of ads on the trains.

吊り下がっている写真はほとんどが広告です。

Those pictures hanging down are mostly advertisements.

ファッション雑誌、旅行プラン、セールなどの広告があります。

There are ads for fashion magazines, tours, and bargain sales.

5 電車を降りる・乗り換え・駅構内について

 DISK 2　TRACK 11

電車を降りる

そろそろです。

<u>We're almost there.</u>

次の駅です。

It's the next stop.

忘れ物はないですか。

Do you have everything?/Don't forget anything.

ここで降ります。

This is our stop.

降りましょう。

Let's get off.

乗り換え

ここで乗り換えます。

We change trains here.

向かいの電車に乗ります。

We take the train on the opposite side of the platform.

ホームを移動します。

We take a train from another platform.

改札を出る

出口はあちらです。	We go out that exit.
東口 / 西口 / 南口 / 北口を出ます。	We go out the east/west/south/north exit.
出口がたくさんあります。	This station has many exits.
出口を間違えないようにしなくてはなりません。	We have to make sure we go out the right exit.
自動改札機に切符を入れます。	Put the ticket in the slot so the gate will open.
駅員に切符を渡します。	Give the ticket to the attendant.

相手が切符をなくしてしまったら

切符をなくしましたか。	You lost your ticket?
切符が見つかりませんか。	Can't find your ticket?
もう一度見てください。	Look again.
ポケット / バックを探してください。	Check your pockets/handbag.
見つかりましたか。	Did you find it?/You found it?
心配しないでください。	Don't worry.
切符を買いなおします。	We can buy another ticket.
気にしないでください。	That's okay.

駅構内にて

この駅はたくさんの電車と地下鉄が乗り入れています。	This station is a junction for many railways and subways.

ここから新幹線に乗れます。	You can get on the bullet train from here.
ラッシュ時は通勤・通学客でごったがえします。	The station is packed with commuters during the rush hour.
いつも混んでいます。	It's always crowded.
地下道が入り組んでいます。	The underground passageways are complicated.
迷子になりやすいです。	It's easy to get lost.
地下道はデパートにもつながっています。	The passageways are connected to department stores.
つながりを覚えてしまえば便利です。	It's convenient once you know your way around.

車・バスによる移動 ············· ◉ DISK 2　TRACK 12

車道について：左側通行・右ハンドル

日本は左側通行です。	We drive on the left side of the road in Japan.
車は右ハンドルです。	The steering wheel is on the right side of the car.

高速道路・料金所について

日本には有料道路がたくさんあります。	There are many toll roads in Japan.
高速道路は有料です。	You have to pay tolls when you take the highway.

高速道路には料金所がたくさんあります。	There are many tollgates along the highway.
料金所ごとに一回一回停まって通行料金を払います。	You have to stop and pay tolls at each tollgate.
車が大きくなるほど料金が高くなります。	The bigger the car, the more you pay.
出口を間違えるとたいへんです。	You would be in trouble if you went out the wrong exit.
また高速に乗って通行料金を払わなくてはなりません。	You have to get back on the highway again and pay again.

7 バスに乗る ······················ DISK 2 TRACK 13

バスの種類

路線バスに乗ります。	We'll take the local bus.
観光バスに乗ります。	We'll take the tourist bus.
急行バスに乗ります。	We'll take the express bus.
3番線に乗ります。	We'll take the number three bus.

乗り方と料金の説明

前／後ろのドアから乗ります。	We get on from the front/back door.
切符は買ってあります。	I've already bought the tickets.
先払いです。	We pay first.
後払いです。	We pay when we get off.

小銭が必要です。	You need small change.
両替機があります。	There is a money exchange machine.
料金箱にお金を入れます。	Put the money in the fare box.
おつりがきます。	You get the change.
一律料金です。	The fare is fixed.
一律200円です。	The fare is two-hundred yen for the whole ride. 注）料金は路線によって異なります。
料金は距離によって違います。	The fare depends on the distance.
回数券を取ってください。	Take the coupon.
料金表は前にあります。	There is a fare chart in the front.

座席について：指定席・自由席

※座席についての表現は「空港からホテルまで」の「座席について」とこの章の「電車に乗る《座席について》」を参照。

バスを降りる

停車駅がアナウンスされます。	They make an announcement for each stop.
前の電光掲示板に停車駅が表示されます。	The stops are indicated on the front electrical panel.
終点で降ります。	We get off at the last stop.
次の駅で降ります。	We get off at the next stop.
ブザーを押してください。	Press the buzzer.

| 後ろ / 前から降ります。 | We get off from the back/front. |

 8　タクシーに乗る ·················· ◉ DISK 2　TRACK 14

※深夜料金についてはこの章の「電車・終電・タクシーの深夜料金について」を参照。

空いているタクシーは赤い「空車」という表示があります。（漢字を書いて説明する）	The unoccupied taxis are indicated by the red sign "空車."
「空車」は「空いている車」という意味です。	*Kūsha* means "a vacant car."
手を上げてタクシーを停めます。	Raise your hand to stop a taxi.
タクシーが来ました。	There is a taxi.
自動ドアです。	The door opens automatically.
後ろに乗ってください。	Please sit in the back.
私は前に乗ります。	I'll sit in the front.
自動的にドアが閉まります。	The door closes automatically.
前座席のところに料金が表示されます。	There is a fare indicator in the front.
初乗り料金は 660 円です。	The base fare is six-hundred and sixty yen. 注）料金は車種によって異なります。
先に降りてください。	Please get off first.
私が支払います。	I'll pay.

177

Chapter 2 街を歩く
Walking Around Town

この章では都市部、ファッション・買い物・遊びのエリア、観光地など、街案内をするときに役立つ表現をまとめてあります。駅前の自転車置き場、学生の制服、パチンコ店…私たちが見なれている風景も、外国人にとっては新鮮に映るものがあります。身近な街の姿を話しながら楽しく街を歩いてください。

1 出発前に DISK 2 TRACK 15

街案内に誘う

街案内をします。	I'll show you around the city.
東京を案内します。	I'll show you around Tokyo.
市内観光をしましょう。	Let's go sightseeing around the city.

アクセスを説明する

※電車・バス・タクシーを利用するときの表現は「交通機関を利用する」の章を参照。

歩いて行きます。	We'll walk there.
電車 / バスで行きます。	We'll go there by train/bus.
車で行きます。	We'll go by car.
その方が速くて便利です。	It's faster and easier.
渋滞の心配をする必要がありません。	We don't have to worry about the traffic jam.

| 電車の時間の心配をする必要がありません。 | We don't have to worry about the train schedule. |
| 疲れたらタクシーに乗りましょう。 | We can take a taxi if we get tired. |

出かける前に持ち物・服装の確認

忘れ物はないですか。	Do you have everything?
カメラは持ちましたか。	Do you have your camera?
フィルムはコンビニで買えます。	We can buy film at a convenience store.
ガイドブックは持ちましたか。	Do you have your guidebook?
はおるものが必要です。	It's better to take a cardigan or a jacket.
楽な服装で。	Dress casually.
今日はたくさん歩きます。	We're going to walk a lot today.
歩きやすい靴をはいてください。	Wear comfortable shoes.
準備はいいですか。	Are you ready?
さあ、出かけましょう。	Let's go.

2 街案内に出発する ············· ◎ DISK 2　TRACK 16

現在地を示す・道案内

| 私たちは東 / 西 / 南 / 北に向かっています。 | We are heading east/west/south/north. |
| 駅に向かっています。 | We are heading to the station. |

東京方面に向かっています。	We are heading towards Tokyo.
もう少し行くと大通りに出ます。	We'll come to the main street soon.
地図でいうと、現在地はここです。（地図を見せながら説明）	This is where we are on the map.
ここで右 / 左に曲がります。	We turn right/left here.
信号を渡ります。	We cross at the signal light.
近道をしましょう。	Let's take a short cut.
あと 10 分ほどで着きます。	We'll be there in about ten minutes.
もうすぐ着きます。	We're almost there.
さあ、着きました。	We're here.
それでは次の目的地に行きましょう。	Let's move on to the next place.

注目をうながす表現

見てください。	Look.
あちらを見てください。	Look over there.
右 / 左を見てください。	Look on your right/left.
あそこが駅です。	That's the station.
あれが国会議事堂です。	That's the National Diet Building.
右手にベイブリッジが見えます。	You can see the Bay Bridge on your right.
左手にディズニーランドが見えます。	You can see Disneyland on your left.

正面に東京タワーが見えます。　You can see Tokyo Tower in front of you.

③ 駅周辺の風景 ⋯⋯⋯⋯⋯⋯⋯ ◉ DISK 2　TRACK 17

自転車置き場・車の運転

駅周辺にたくさんの自転車が停められています。
Many bicycles are parked by the station.

自転車が多くてびっくりするでしょう。
You must be surprised to see all the bicycles.

日本では自転車での移動が便利です。
In Japan, bicycles are a convenient way to get around.

近所のスーパーで買い物をする場合は特に便利です。
They are convenient especially when you go shopping at a nearby supermarket.

渋滞の心配がありません。
People don't have to worry about a traffic jam.

駐車場の心配がありません。
People don't have to worry about finding a parking space.

無料駐車場がない店もあります。
Not all shops have free parking.

日本は駐車場代が高いです。
Parking is expensive in Japan.

あなたは車を運転しますか。
Do you drive in your country?

移動には何を使いますか。
What's your usual means of transportation?

駅の近くに交番があります。	There is a police box near the station.
迷子になったら交番に行きましょう。	Go to the police box when you get lost.
お巡りさんが道案内をしてくれます。	The police officer will give you directions.
お巡りさんは英語を話さないかもしれません。	The policeman may not speak English.
覚えておくと便利な表現を教えましょう。	Here are some expressions to remember.
"Where is X?" は「Xはどこですか」です。	"Where is X?" is "X *wa doko desuka*?"
"Right" は「右」です。	"Right" is "*migi*."
"Left" は「左」です。	"Left" is "*hidari*."
"Traffic light" は「信号」です。	"Traffic light" is "*shingō*."
"Straight" は「まっすぐ」です。	"Straight" is "*massugu*."
"Turn" は「曲がる」です。	"Turn" is "*magaru*."

 4 **街の風景**································· ◉ DISK 2 TRACK 18

都市部の建物・特徴

都市部に到着しました。	Now, we've come to the metropolitan area.

ここは大都会です。	This is a big city.
近代的な街です。	It's a modern city.
経済と政治の中心地です。	It's the economic and political center.
高層ビルが立ち並びます。	You can see many high-rise buildings.
オフィスビルがたくさんあります。	There are many office buildings.
政府機関があります。	There are government buildings.
ホテルがたくさんあります。	There are many hotels.
ごみごみしています。	It's crowded.
人が急ぎ足で行き交います。	People walk very fast.
活気に満ちています。	The city is lively and exciting.

街角・交差点

この交差点はいつも人であふれています。	This intersection is always crowded with people.
前に進むのもたいへんです。	It's difficult to move forward.
忙しい通りです。	This is a busy street.
いつも渋滞しています。	The road is always congested.
排気ガスがひどいでしょう。	The car exhaust is terrible.
都市部は空気が悪いです。	The air is polluted in the city area.

道の両脇に立っているのは電柱です。	The poles you see on both sides of the street are utility poles.
電気や電話の電柱です。	They are the electricity and telephone poles.
日本ではほとんどの電柱は地下に設置されていません。	In Japan, most poles aren't built underground.
あまり美しい景観ではありませんね。	They don't look very beautiful.
道が狭いと運転がたいへんです。	It's hard to drive when the streets are narrow.
あなたの国では電柱はどのように設置されていますか。	How are the utility lines built in your country?

桜並木

※「桜」に関しての表現は「日本の四季と年中行事」の章の「春」と「花見」を参照。

通りの両脇にある木は桜です。	The trees you see on both sides of the street are cherry trees.
美しい桜並木を見てください。	Look at the beautiful cherry trees along the street.
今は桜の見ごろです。	Now is the best time to see the cherry blossoms.
きれいでしょう。	Aren't they beautiful?
残念ながら今は桜の時期ではありません。	Unfortunately, it's not the cherry blossom season.

春になると桜が咲きます。	You can enjoy cherry blossoms in the spring.
うすいピンク色の花が咲きます。	The flowers are pale-pink.

いちょう並木

これらはいちょうの木です。	These trees are ginkgo trees.
「ギンコウ」は "g-i-n-k-g-o" です。	It's "g-i-n-k-g-o."
秋になると葉が黄色く色づきます。	The leaves turn yellow in fall.
葉は扇形をしています。	The leaves are fan-shaped.
強烈なにおいがするでしょう。	Did you notice the strong smell?
これは銀杏のにおいです。	It's the smell of the ginkgo fruit.
雌の木には「銀杏」と呼ばれる実がなります。	Female trees bear fruit called *"ginnan."*
実が熟して道に落ちます。	The fruit fall on the street when they mature.
道が滑りやすいので気をつけてください。	Be careful the road is slippery.
銀杏はピーナッツよりも少し大きめの実です。	The ginkgo nuts are a little bigger than peanuts.
銀杏は食べられます。	You can eat them.
栄養があります。	They are nutritious.
焼くだけでも食べられます。	You can eat them by simply roasting them.

街を歩く

3
2

185

学生の制服

学生が制服を着ていることに気づいたでしょう。	You must have noticed the students in uniforms.
日本では中学生と高校生は制服を着ます。	Junior high and high school students wear uniforms in Japan.
デザインはいくつかあります。	There are several designs.
あの男子学生たちは詰襟タイプの上着を着ています。	Those boys are wearing the stiff-collar-type jackets.
ブレザータイプもあります。	They also have blazer-type jackets.
あの女子学生たちはブレザーとスカートタイプの制服を着ています。	Those girls are wearing blazer-and-skirt type uniforms.
セーラー服タイプもあります。	There is a sailor-dress-type, too.
制服を見てどの学校の生徒かがわかります。	You can tell which school they go to by looking at the uniform.
女子学生の化粧は一般的に禁止されています。	Girls are usually not allowed to wear make-up at school.
長いルーズソックスが今、人気です。	The loose, high socks are popular now.
あなたの学校では服装の規則はありましたか。	Did you have a dress code in your school?
私は好きな服を着たかったので制服は嫌いでした。	I didn't like uniforms because I wanted to wear my own clothes.
何を着るか考えなくてすんだので制服が好きでした。	I liked uniforms because I didn't have to think about what to wear.

あのタワーはこの街のシンボルです。	That tower is a symbol of this city.
最上階には展望フロアがあります。	There is an observation deck on the top.
展望フロアに行きましょう。	Let's go up to the observation floor.
街が見渡せます。	You can see the whole view of the city.
上までエレベーターがあります。	There is an elevator to the top.
このエレベーターはスピードが速いです。	This elevator is very speedy.
あっという間に上に着きます。	We'll be there before you know it.
着きました。	We're here.
見てください。いい景色でしょう!	Look at the nice view!
晴れていてよかったですね。	I'm glad that the weather is nice.
曇りで残念です。	Too bad it's cloudy.
私たちが来た駅はあそこです。	That's the station we came from.
うちはあちらの方向です。	Our house is that way.
富士山が見えます。	We can see Mount Fuji.
一周しましょう。	Let's go around.
そろそろ降りましょうか。	Shall we go down now?

街を歩く

3
2

187

野球場

あれは野球場です。	That's the baseball stadium.
野球は日本で人気があるスポーツです。	Baseball is a popular sport in Japan.
セントラルとパシフィックのふたつのリーグがあります。	There are two leagues: the Central and the Pacific.
各リーグに6チームあります。	There are six teams in each league.
野球シーズンは4月から10月です。	The baseball season is from April to October.
たくさんの人がテレビで野球を見ます。	A lot of people watch the ball games on TV.
私は野球を見るのが好きです。	I like watching baseball.
私の好きなチームはジャイアンツです。	My favorite team is the Giants.
私はメジャーリーグも見ます。	I also watch Major League Baseball.
好きな選手はイチローです。	My favorite player is Ichiro.
あなたの国で人気のあるスポーツは何ですか。	What sports are popular in your country?
あなたの好きなスポーツは何ですか。	What are your favorite sports?

5 ビジネス街 ······················ ◉ DISK 2　TRACK 19

ビジネス街・サラリーマン・OL について

ここはビジネス街です。	This is the business district.
この辺は会社が密集しています。	There are many office buildings in this area.
日中は会社員が大勢行き交います。	Many office workers walk around during the day.
日本では会社員のことを「サラリーマン」と呼びます。	In Japan, we call the male company workers, "salary men."
「サラリーをもらう人」という意味です。	It means "those who get a salary."
女性の事務員のことは OL と呼びます。	Female office clerks are called "OL."
OL は「オフィス・レディー」の頭文字です。	"OL" stands for "Office Lady."
日本語にはこのような和製英語がたくさんあります。	There are many Japanese-English words like these in Japanese.

6 ファッション・買い物・食事のエリア
······················· ◉ DISK 2　TRACK 20

おしゃれなエリア・ストリート

ここは「もみじ通り」です。	This is "Momiji-*Dōri*."
日本語で「〜とおり」や「〜どおり」は「道」や「通り」を表します。	"-*Tōri*" or "-*Dōri*" means "street" or "avenue" in Japanese.

この大通りはファッションのストリートとして知られています。	This avenue is known as a fashionable street.
時間によって歩行者天国になります。	It becomes a pedestrian mall at certain hours.
おしゃれなエリアです。	It's a classy area.
トレンディーな店やレストランが並んでいます。	There are many trendy shops and restaurants.
高級ブランド店が並んでいます。	Many expensive brand boutiques fill the street.
オープンカフェでお茶を飲みましょう。	Let's have a cup of coffee at an outdoor café.
ストリートパフォーマーがいます。	There are street performers.
フリーマーケットをやっています。	They're having a flea market.
見てみましょうか。	Do you want to take a look?

ヤングのストリート

この通りはティーンに人気のあるストリートです。	This is a popular street among teenagers.
ありとあらゆる店が並んでいます。	There are hundreds of tiny shops selling a variety of goods.
安いアクセサリー、服、みやげものが買えます。	You can find cheap jewelry, clothes, and souvenir goods.
個性的なファッションをした若い人を見かけます。	You see young people in unique fashions.
修学旅行生が大勢訪れます。	Many students come here on school trips.
歩くだけでも楽しい通りです。	It's a fun street to explore.

クレープ屋

あそこにクレープの屋台があります。	There is a crepe stand over there.
クレープを食べますか。	Do you want to eat a crepe?
チョコレート・バナナが人気です。	Chocolate-banana crepes are popular.
歩きながら食べましょう。	Let's eat while we walk.

アイスクリーム屋・ソフトクリーム屋

アイスクリームを食べませんか。	Do you want to have an ice cream cone?
あそこでソフトクリームを売っています。	They are selling soft ice cream over there.
あそこにアイスクリーム屋があります。	There is an ice cream shop over there.
どのアイスにしますか。	What flavor do you want?
コーンがいいですか。カップがいいですか。	Do you want it in a cone or a cup?
ワッフルコーンとプレーンコーンのどちらにしますか。	A waffle cone or a plain cone?
サイズはどれにしますか。	Which size do you want?
シングルですか。ダブルですか。	Single or double?
座って食べましょう。	Let's sit and eat.

※デパートで買い物をする表現は「買い物をする・おみやげを選ぶ」の章を、食事について
　の表現は「レストランに行く・食事を楽しむ」の章をそれぞれ参照してください。

ここはショッピングエリアです。	This is a shopping district.
買い物には最高のところです。	It's an ideal place for shopping.
私はいつもここに買い物に来ます。	I always come here to shop.
大きなデパートがいくつもあります。	There are many big department stores.
あそこのデパートはマルサカです。	That department store over there is Marusaka.
日本の老舗デパートのひとつです。	It's one of the prestigious department stores in Japan.
あちらは若い人向けのデパートです。	That department store over there is for young people.
この辺には喫茶店やレストランがたくさんあります。	There are hundreds of coffee shops and restaurants.
日本では世界各国の料理が楽しめます。	In Japan, you'll be able to enjoy food from all over the world.
ファーストフードショップもたくさんあります。	There are many fast food shops, too.
買い物をした後で食事にしましょう。	Let's have dinner after we finish shopping.

遊びのエリア

ここは遊びのエリアです。	This is an area for fun and entertainment.
ナイトライフを楽しむにはうってつけの場所です。	This is a perfect place to enjoy nightlife.
外国人も数多く集まってきます。	Many foreigners gather around here.
バーやクラブが密集しています。	There are hundreds of bars and nightclubs.
ゲームセンターやカラオケボックスがあります。	There are game centers and *karaoke* boxes.
夜、出歩くのは危険です。	It's dangerous to walk around at night.
この通りは夜になるとネオンライトでうめつくされます。	Neon lights fill the streets in the evening.

ゲームセンター

ここはゲームセンターです。	This is a game center.
いろいろなゲームがあります。	There are all kinds of games you can play here.
コンピューターゲームやカーレースのゲームがあります。	There are computer games and car-racing games.
あれは UFO キャッチャーです。	That game is called a "UFO catcher."

小さいクレーンで商品をつるゲームです。	You pick a prize with a mini crane.
ほとんどのゲームは 100 円でできます。	You can play most of the games for one hundred yen.
若い人のたまり場です。	It's a place for young people to hang out.
入って遊びますか。	Do you want to go in and play?

パチンコ店

ここはパチンコ店です。	This is a *pachinko* parlor.
看板が派手でしょう。	The sign is flashy.
「パチンコ」は日本のピンボールマシーンです。	*Pachinko* is a Japanese pinball machine.
台は垂直に立っています。	It's an upright machine.
中からすごい音が聞こえてくるでしょう。	You can hear a loud noise from inside.
パチンコは手軽な娯楽として人気があります。	*Pachinko* is popular for quick entertainment.
特に男性に人気があります。	*Pachinko* is particularly popular among men.
玉を好きなだけ買います。	You buy a certain number of balls.
玉を台に入れます。	Put the balls into the machine.
電動式ハンドルを回します。	Turn the automatic handle.

玉が出始めます。	The balls start to come out.
当たり穴に入ると玉がたくさん出てきます。	Many balls will pour out when you get the balls into the right holes.
玉は景品と交換します。	You exchange those balls for prizes.
景品としてたばこやお菓子がもらえます。	Prizes could be cigarettes or snacks.
私はパチンコはしません。	I don't play *pachinko*.
私はときどきパチンコをします。	I sometimes play *pachinko*.

カラオケ

※「カラオケ」についての詳しい表現は「カラオケに行く」の章を参照。

| これはカラオケボックスです。 | This is a *karaoke* box. |
| 建物の中に歌うための部屋がいくつもあります。 | In the building, there are several rooms for singing. |

ゴルフ練習場

あの緑色のネットは何だと思いますか。	What do you think that green net is?
あれはゴルフ練習場のネットです。	It's the net for a driving range.
ゴルフは中高年の男性に人気のあるスポーツです。	Golf is a popular sport among middle-aged men.
日本のゴルフ場でプレーをするのはとても高いです。	Playing golf at a golf course is very expensive in Japan.

街を歩く

約 3 万円かかります。	It costs about thirty thousand yen.
たくさんの人が練習場で練習します。	Many people go to a driving range to practice.
あなたはゴルフをしますか。	Do you play golf?
あなたの国でゴルフをするのにいくらかかりますか。	How much does it cost to play golf in your country?
私はゴルフをします。	I play golf.
私はゴルフをしません。	I don't play golf.

⑧ 新興都市 · ◎ DISK 2　TRACK 22

ここは新しい地域です。	This is a new area.
ここ数年で一気に発展しました。	It has rapidly developed in the last few years.
このエリアは駅と動く歩道でつながっています。	The area is directly connected to the station with a flat escalator.
建設中のビルがたくさんあります。	There are many buildings under construction.
ホテルがどんどん建っています。	They are building new hotels.
巨大なショッピングモールがあります。	There is a huge shopping mall.

※ショッピングモールについての表現は「買い物をする・おみやげを選ぶ」の章を参照。

| 人気のデートスポットです。 | It's a perfect dating spot. |

あの観覧車は街の名物のひとつです。	That Ferris wheel is one of the famous sights of the town.
観覧車に乗りますか。	Do you want to ride the Ferris wheel?
街の景色が楽しめますよ。	You can enjoy the whole view of the town.

 9 観光地······························ DISK 2　TRACK 23

※神社・寺についての表現は「神社・寺に案内する」の章を、おみやげについての表現は「買い物をする・おみやげを選ぶ」の章を、それぞれ参照してください。

歴史・伝統の街

ここは観光地です。	This is a tourist town.
お寺や神社がたくさんあります。	There are many temples and shrines.
世界中から観光客が訪れます。	People from all over the world come to visit.
日本各地から修学旅行生がやってきます。	Students come from other parts of Japan on school trips.
伝統に触れることができます。	It's a place with traditional charm.
近代的な高層ビルはこの辺にはありません。	You don't see modern, high-rise buildings in this area.
伝統的な日本家屋や建物が残っています。	Traditional houses and buildings remain.
歴史が色濃く残る街です。	It's a town with a historical atmosphere.

| 古いものと新しいものが調和しています。 | The old is juxtaposed with the new. |
| 昔からのみやげ屋がたくさんあります。 | There are many traditional souvenir shops. |

⑩ 街案内を終える ·················· ◎ DISK 2　TRACK 24

感想をたずねる

この街についてどう思いますか。	What do you think of this city?
この街についてどのような印象を持ちましたか。	What's your impression of the city?
今日行った場所の中でどこが一番気に入りましたか。	What place did you like best among the places we visited today?

街案内を終える

そろそろ帰りましょう。	Let's go home now.
夕ごはんを食べて帰りましょう。	Let's have dinner and go home.
一度帰って着替えてから、また出かけましょう。	We go home first, change clothes, and go out again.
行きと同じルートで帰ります。	We'll go back as we came.
お疲れでしょうから駅までタクシーで行きましょう。	You must be tired, so let's take a taxi to the station.
ホテルまで送りましょう。	I'll see you to the hotel.

帰り方はわかりますか。　　　　　　Do you know your way back?
（相手が一人で帰る場合）

とても楽しかったです。　　　　　　I had a great time.

いつでも喜んで。　　　　　　　　　It was my pleasure.
（お礼を言われたら）

Chapter 3　神社・寺に案内する

Taking Guests to Shrines and Temples

1 神社・寺に行く ················· ◎ DISK 2　TRACK 25

今日は有名な神社にお連れします。	Today I'll take you to a famous shrine.
今日は有名なお寺にお連れします。	Today I'll take you to a famous temple.
八雲神社にお連れします。	I'll take you to Yagumo Shrine.
建長寺にお連れします。	I'll take you to Kencho-ji Temple.

2 神社・寺に案内するときの基礎知識

················· ◎ DISK 2　TRACK 26

日本の宗教について

日本には主な宗教がふたつあります。	There are two main religions in Japan.
ひとつは神道で、もうひとつは仏教です。	One is *Shinto*, and the other is Buddhism.
神道の建物が神社で、仏教の建物が寺院です。	Shrines are for *Shinto* and temples are for Buddhism.

神社と寺の違い

神社と寺にはいくつか違いがあります。

There are several differences between shrines and temples.

まずは門のかたちが違います。

First of all, the styles of the gates are different.

神社には「鳥居」という門があります。

At a shrine, there is a gate called "*torii*."

お寺には仏像があります。

Temples have Buddhist statues.

神社には特定の神の像はありません。

Shrines don't have a specific statue of god.

参拝の作法も違います。

Their styles of praying are different, too.

神社では手を打ってお参りします。

You clap your hands when you pray at shrines.

お寺では手を合わせてお参りします。

At temples, you simply put your hands together.

詳しくは現地に行ってご説明しましょう。

I'll explain it more in detail when we get there.

神道について

神道は日本で生まれました。

Shinto was born in Japan.

「神道」は「神の道」という意味です。

Shinto literally means "the way of the gods."

これは自然界のものに精霊が宿るとする信仰です。

It's a faith based on animism.

昔、人々は自然界のものに神が宿ると信じました。	Long ago, people believed there were gods in nature.
例えば、山には「山の神」が、田には「田の神」がいると考えました。	For example, in a mountain there was a mountain god. In a field, there was a field god.
すぐれた力を持つ存在として神を敬いました。	People worshipped god as a divine being.
人々は恵みを受けるために神に祈りました。	People prayed to gods to receive blessings.
人々は先祖も大切にしました。	People also respected their ancestors.
神道は自然と先祖を敬う宗教です。	*Shinto* is a combination of nature and ancestor worship.

仏教について

仏教はインドで生まれました。	Buddhism originated in India.
インドで約2,500年前に生まれました。	It originated in India about two-thousand five hundred years ago.
インドの王子お釈迦さまによって説かれました。	It was founded by the Indian Prince Siddhartha Gautama.
中国、韓国を通って日本に伝えられました。	Buddhism came to Japan through China and Korea.
日本に伝えられたのは6世紀です。	It was introduced to Japan in the sixth century.

仏教の目的は涅槃（ねはん）に
達することです。

The goal of Buddhism is to
reach the state of nirvana.

涅槃（ねはん）とは一切の迷い
を超越した悟りの状態です。

Nirvana is a state of
enlightenment which exists
beyond all pain and suffering.

悟りを開いた人のことを仏と言
います。

Those who attained
enlightenment are called
Buddha.

仏教の宗派について・禅について

現在、日本の仏教には十三の宗
派があります。

There are thirteen Buddhist
sects in Japan.

禅は仏教の一派です。

Zen is one of the
denominations of Buddhism.

禅は自力本願を教えとしています。

The focus of *Zen* is to achieve
enlightenment that comes
from within.

欲を捨て、心を無にして悟りを
開きます。

Enlightenment is attained by
emptying your mind and
giving up earthly desires.

心を無にするために瞑想する修
行を座禅と言います。

Zazen is a method to calm
our minds through
meditation.

座禅は座って足を組んで行います。

Meditation is performed in
the lotus position.

神道と仏教は古くに融合されました。	*Shinto* and Buddhism were blended and combined a long time ago.
寺や神社で神と仏が一緒にまつられるようになりました。	People worshipped gods and Buddha together at temples and shrines.
神道と仏教が別々になったのは明治時代からです。	*Shinto* and Buddhism were only separated from the Meiji Period.
国の宗教として神道は明治政府に擁護されました。	The Meiji Government protected *Shinto* as a state religion.
反対に仏教は迫害されました。	On the other hand, Buddhism was suppressed.
1945年に国家神道は廃止されました。	The State *Shinto* was abolished in 1945.
戦後、国家と宗教は分離されました。	The State and religions were separated after World War II.
今では神道も仏教も大切な日本の宗教です。	Today, both *Shinto* and Buddhism are important religions in Japan.

 ## 3 神社・寺に案内するときの基本表現

.... ◎ DISK 2　TRACK 27

拝観料・英語の解説書や案内

拝観料は無料です。	It's free to enter.
拝観料は300円です。	The entrance fee is three-hundred yen.

| 英語のパンフレットがあります。 | There is an English pamphlet. |
| この神社／寺についての案内が あそこに立っています。 | There is an explanation about this shrine/temple over there. |

写真撮影について

写真を撮ってもいいです。	You can take pictures here.
写真撮影は禁止されています。	You can't take pictures here.
フラッシュを使っての撮影は禁止されています。	You mustn't take pictures using flash bulbs.
建物の中で写真を撮らないでください。	You mustn't take pictures in the building.

神社・寺の名前を言う

| ここは八雲神社です。 | This is Yagumo Shrine. |
| ここは建長寺です。 | This is Kencho-ji Temple. |

建物設立の年・時代の言い方

①設立の年を言うときは、"It was founded in ＋年・時代" のかたちを使います。建てられた年を言うときは "It was built in ＋年・時代" のかたちを使います。

②時代の言い方と対応する西暦は以下のリストを参考にしてください。

飛鳥時代	Asuka Period (592-710)
奈良時代	Nara Period (710-794)
平安時代	Heian Period (794-1185)
鎌倉時代	Kamakura Period (1185-1333)
室町時代	Muromachi Period (1333-1573)

安土桃山時代	Azuchi Momoyama Period (1573-1600)
江戸時代	Edo Period (1600-1868)
明治時代	Meiji Period (1868-1912)
大正時代	Taisho Period (1912-1926)
昭和時代	Showa Period (1926-1989)
平成時代	Heisei Period (1989-present)

1282 年に建てられました。	It was built in twelve-eighty-two.
1523 年に設立されました。	It was founded in fifteen-twenty-three.
鎌倉時代に建てられました。	It was built in the Kamakura Period.
鎌倉時代は 1185 年から 1333 年です。	The Kamakura Period was from 1185 to 1333.
もとの建物は地震で壊れました。	The original construction was destroyed in an earthquake.
もとの建物は火事で焼かれました。	The original construction was destroyed in a fire.
1965 年に復元されました。	It was rebuilt in nineteen-sixty five.
現在、再建中です。	It's currently undergoing reconstruction.

設立者・建てた人の言い方

①設立者は〝It was founded by ＋人名・地位〟で表します。

②「～の命で建てられました」と言うときは、〝It was built by the

order of ＋人名・地位"、または "It was built at the request of ＋人名・地位" のかたちを使います。

③歴史上の人物の地位は、以下の表現を参考にしてください。

- 天皇：Emperor

  （例：後醍醐天皇　Emperor Godaigo）

- 摂政：Regent

  （例：藤原道長　Regent Fujiwara no Michinaga）

- 執権：Political leader/Regent

  （例：北条時宗　Political leader/Regent Hojo Tokimune）

- 征夷大将軍：Military Ruler

  （例：源頼朝　Military Ruler Minamoto no Yoritomo）

- 幕府の最高権力者：Leader of the ~ Shogunate

  　　　　　　　　　　　（Shogunate = Military Government）

  （例：足利尊氏　Ashikaga Takauji, Leader of the Muromachi Shogunate）

- 武将：Military General

  （例：織田信長　Military General Oda Nobunaga）

- 将軍：*Shōgun* (*Shōgun* = Military Ruler)

  （例：徳川家康　*Shōgun* Ieyasu Tokugawa）

- 僧侶：Buddhist priest

  （例：偉大な僧侶　a great Buddhist priest）

偉大な僧侶によって設立されました。	It was founded by a great Buddhist priest.
源頼朝によって建てられました。	It was built by Minamoto no Yoritomo.
天皇の命で建てられました。	It was built by the order of the Emperor.
将軍の命で建てられました。	It was built at the request of the *Shōgun*.

国宝・重要文化財に指定

国宝に指定されています。	It's designated as a national treasure.
重要文化財に指定されています。	It's designated as an important cultural property.
世界文化遺産に指定されています。	It's designated as a world cultural heritage.
県指定文化財です。	It's an important cultural property of the prefecture.
市指定文化財です。	It's an important cultural property of the city.

神社・寺の雰囲気と特徴

広い境内です。	It's a big compound.
おごそかな雰囲気です。	It has a serene atmosphere.
素朴なたたずまいです。	It's simple and rustic.

| 日本で最も有名な神社／寺のひとつです。 | It's one of the famous shrines/temples in Japan. |
| 初もうでには多くの参拝客が訪れます。 | It attracts many visitors during the New Year's. |

境内の花々・植物

四季折々の花々が楽しめます。	You can enjoy seasonal flowers.
春先は梅が咲きます。	You can enjoy plum blossoms in early spring.
春は桜がきれいです。	The cherry blossoms are beautiful in spring.
桜が満開ですね。	The cherry blossoms are in full bloom.
絵になります。	It's picturesque.
美しいつつじを見てください！	Look at the beautiful azaleas!
今が紅葉の見ごろです。	Now is the perfect time to enjoy the autumn leaves.
あれはすすきです。	That's pampas grass.
風流ですね。	It's calm and serene.
竹庭があります。	There is a bamboo garden.
あれは松の木です。	Those are pine trees.
松は神が宿るとされる神聖な木です。	Pine trees are believed to be holy trees where god descends.
定期的に手入れをして枝葉のかたちを整えます。	Leaves are trimmed regularly to keep the tree in shape.

神社の種類：神社・神宮の意味 / 縁結び・安産・学業の神様 / 稲荷神社

「神宮」や「神社」は「神の住まい」という意味です。	"*-Jingu*" or "*-jinja*" means "God's abode."
ここには縁結びの神様がまつられています。	The God of Marriage is enshrined here.
ここは安産の神様として知られています。	This shrine houses the God of Safe Childbirth.
学業の神様がまつられています。	This shrine is dedicated to the God of Scholarship.
ここは稲荷神社です。	This is the Inari Shrine.
お稲荷さまは五穀の神です。	Inari is the God of Harvest.
キツネは稲荷の使いとされています。	Foxes are believed to be the messenger of the Inari God.

いつ神社にお参りに行くか

人々が神社に行く機会はいくつかあります。	There are a number of occasions when people visit shrines.
人々は正月に神社に初もうでに行きます。	People go to shrines during the New Year's.
その年の幸福と健康を祈ります。	They pray for happiness and good health for the year.
学生は合格祈願をしに神社に行きます。	Students go to shrines to pray for good results on entrance exams.

妊娠している女性は安産を願いに神社に行きます。	Pregnant women go to shrines to pray for a healthy baby.
人々は神社にお宮参りに行きます。	People go to shrines to celebrate the birth of a child.
七五三の時期に親子で神社に行きます。	Parents take their children to shrines for the Seven-Five-Three Children's Day.

※七五三についての表現は「日本の四季と年中行事」の章の「七五三」を参照。

鳥居をくぐる

私たちは今、神社の門に近づいています。	We are approaching the gate of a shrine.
この門は「鳥居」と呼ばれています。	The gate is called "*torii*."
鳥居は神社のシンボルです。	*Torii* is a symbol of a shrine.
「鳥居」は漢字で「鳥が居る」と書きます。	"*Torii*" means "bird perch" in Chinese characters.
この門は神聖な世界と世俗的な世界をへだてる境界線です。	It serves as a division between the sacred and the secular world.
神聖な場所への入り口です。	It marks the entrance to a holy area.
鳥居が複数ある神社もあります。	Sometimes there are several gates.
複数の門をくぐると神聖な世界に入っていく感じが高まります。	Having many gates increase the feeling of holiness.

それでは聖なる領域へ参りましょう。

Let us now step into the spiritual area.

こま犬について

この動物の像は「こま犬」です。

These animal statues are the guardian dogs.

原形は古代オリエントのライオン像です。

They were statues of lions which originated in the Orient.

それが中国大陸と朝鮮半島を経て日本に来ました。

They were imported to Japan through China and Korea.

こま犬は神社を魔物から守っています。

They protect the shrine from evil spirits.

ふたつをよく見ると、表情が違うでしょう。

When you look at them closely, they have different expressions.

一般的にひとつは口を開いていて、もう一方は口を閉じています。

Generally, one is open-mouthed, and the other is closed-mouthed.

手水（てみず・ちょうず）で身を清める

参拝の前に身を清める必要があります。

You must purify yourself before visiting the worship hall.

ここがお清めをする場所です。

This is the place to purify yourself.

お清めの作法を教えましょう。

Let me show you how to purify yourself.

まず、ひしゃくに水をくみ、左手を洗います。

First, scoop water with the ladle and wash your left hand.

次に右手を洗います。	Next, wash your right hand.
左手に水を受けて口をすすぎます。	Cup your left hand and rinse your mouth.
ひしゃくには口をつけないでください。	Don't put your mouth on the ladle.
次の人のためにひしゃくの柄を洗いましょう。	Wash the handle of the ladle for the next person.
これで身が清められました。	Now you are purified.

拝殿に向かう・お供物の意味

では拝殿に参りましょう。	Let's move on to the worship hall.
ここで参拝をします。	This is the place to worship and pray.
神は自然界に無数にいるので、特定の神の像がまつられているわけではありません。	Since millions of gods exist in nature, there is no specific image of God at shrines.
榊（さかき）やお神酒（みき）が供えられています。	Evergreen leaves and *sake* are offered.
さかきは一年中緑色である常緑樹です。	Evergreen leaves are always green at any season of the year.
酒は神聖なものと考えられています。	*Sake* is considered a sacred drink.

3
3
神社・寺に案内する

参拝の作法

参拝の作法を説明しましょう。	Let me explain how to pray.
あそこにさい銭箱があります。	There is a wooden offering box over there.
まず、さい銭をみぞに入れます。	First, you throw coins into the slot.
それから鈴を鳴らします。	Then, ring the bell.
鈴の清らかな音で心を清めます。	The clear sound of the bell will purify your heart.
二度、おじぎをします。	Bow twice.
胸の高さで二度手を打ちます。	Clap your hands twice at chest level.
手を打つのは神様の意識を自分に向けるためです。	We clap our hands to get the attention of God.
手は合わせたままにします。	Keep your hands joined together.
祈り、願いごとをします。	Pray and make a wish.
一礼して終えます。	Bow once and finish.
ではやってみましょう。	Now, let's try and pray.
何を願いましたか。	What did you pray for?
願いごとが叶うといいですね。	I hope your wishes come true.

さい銭の由来

昔は米を納めていました。	A long time ago people offered rice.

人々は米を神前にまきました。	People used to scatter rice in front of the altar.
洗米を紙に包んで納めていました。	People also wrapped washed rice in paper and offered it.
その後、貨幣を納めるようになりました。	Later, people started to offer coins.
願い事が叶ったときにお礼の気持ちとして納めたのです。	People expressed gratitude when their wishes were granted.
今は参拝のときにさい銭を納めます。	Now, we offer coins when we pray at a shrine.

しめ縄について

白い紙がついているよった縄を見てください。	Look at the twisted rope with white paper.
これは「しめ縄」というものです。	It's known as a "sacred rope."
しめ縄があるところはそこが神域であることを示します。	The rope is to indicate that the area is a sacred space.
鳥居や拝殿、木にもしめ縄は張られています。	You see it at the *torii* gate, worship hall, or around the tree.
しめ縄が張られている木は「神聖な木」です。	The tree with the rope indicates it's a sacred tree.
紙垂（しで：白いジグザグ状の紙）はそこが神域であることを際立たせています。	The white zigzag-shaped paper clearly indicates that the area is sacred.

絵馬について

小さな木の板を見てください。	Please look at the little wooden boards.
これらは神社への奉納板です。	These are votive tablets.
これらは「絵馬」と呼ばれています。	They are called "*ema*."
「絵馬」は直訳すると「馬の絵」という意味です。	*Ema* literally means "horse drawing."
昔、人々は願いごとをするとき、神社や寺に馬を奉納しました。	A long time ago, people used to offer horses to the shrines and temples when they made a wish.
次第に木の板に馬の絵を描くようになりました。	Gradually, people started to paint horses on wooden boards.
今日、人々は絵馬に願いごとを書きます。	Today, people write their wishes on a board.
神さまが願い事を叶えてくれるように絵馬をここにつるします。	They hang the boards here so that God will grant their wishes.
願いごとは何でもかまいません。	A wish could be anything.
合格祈願、良縁、商売繁盛などをお願いします。	People wish to pass an exam, to find an ideal mate, or to have a good business.
英語で書かれている絵馬もありますね。	As you can see, some are written in English, too.
願いごとを書きますか。	Do you want to write a wish?
それでは絵馬を買ってきましょう。	I'll go and buy a tablet.

> 寺について・いつ寺に行くか：墓参り・彼岸・盆

「〜寺」や「〜寺（じ）」はお寺を表します。	"-*Tera*" or "-*ji*" means "temple."
人々は正月に寺にお参りに行きます。	People visit temples during the New Year's.
また、墓参りをするときに寺に行きます。	Also, people go to temples to visit family graves.
日本には墓参りをする時期がふたつあります。	There are two grave-visiting seasons in Japan.
ひとつ目は春分の日の前後1週間です。	One is during the spring equinox week in March.
もうひとつは秋分の日の前後1週間です。	The other is during the autumn equinox week in September.
それらの時期を日本語で「彼岸」と言います。	These periods are called "*Higan*."
これは先祖の霊を供養する仏教行事です。	It's a Buddhist practice to offer prayers to the ancestors.
夏の盆の時期にも墓参りをします。	People also visit family graves during the *Bon* season in summer.

※「盆」についての表現は「日本の四季と年中行事」の章を参照。

あれが寺のメインゲートです。	That's the main gate of the temple.
「三門」と呼ばれています。	The main gate is called "*San-mon*."
三門とは「三つの門」という意味です。	*San-mon* literally means "three gates."
仏教では解脱のために三つの門をくぐらなくてはなりません。	In Buddhism, there are three gates you must go through to attain enlightenment.
三門はその三つの門の象徴です。	*San-mon* is the symbol of these three gates.
「山の門」と書いて「山門」と言う場合もあります。	"*San-mon*" also means "mountain gate" in different Chinese characters.
門をくぐるときは心を静めましょう。	It's important to calm ourselves when entering *San-mon*.

怖い顔をして立っているのは仁王さまです。	These scary-looking statues are called Niō.
仁王は寺の守護神です。	They are the guards of the temple.
寺を魔物から守ります。	They protect the temple from evil spirits.
見ての通り、二つの像は表情が違います。	As you can see, they have different expressions.

ひとつは口が開いていて、もうひとつは口を閉じています。	One is open-mouthed and the other is closed-mouthed.
口が開いている像を「あ像」と言います。	The open-mouth statue is called "*A-zo*."
口が閉じている像を「うん像」と呼びます。	The closed-mouth statue is called "*Un-zo*."
「あ」は口を開いて最初に発する音です。	"*A*" is the first sound you say when you open your mouth.
「うん」は口を閉じて発する最後の音です。	"*Un*" is the last sound you say when you close your mouth.
「あうん」は物事の始まりと終わりを表します。	"*A-un*" stands for the beginning and the end of things.

千社札

門にお札がたくさん貼ってありますね。	You see many prayer stickers pasted on the gate.
柱にも貼ってあります。	They are also pasted on the pillars.
これらは巡礼者が貼ったものです。	These are pilgrims' prayer stickers.
自分の名前を刷り込んだ札です。	Their names are printed on the stickers.
巡礼のしるしです。	They are the symbol of pilgrimage.
それでは中に入りましょう。	Now, let's go inside.

お香

大きなお香の器がありますね。	There is a big incense bowl.
心が落ち着くよい香りです。	It smells nice and soothing.
お寺では線香をたきます。	At temples, we offer joss sticks.
香のけむりを浴びて身を清めます。	You purify yourself by bathing in the incense smoke.
香は身体の痛みや病を治してくれるとされます。	People believe the smoke cures pains and ailments.

鐘

あそこに鐘つき堂があります。	There is a bell tower over there.
大きな鐘ですね。	It's a big bell, isn't it?
小さなこぶは「乳」と呼ばれています。	Those little bumps are called "breasts."
江戸時代以降、「乳」を鐘に108個つけるようになりました。	Since the Edo period, people started to put one hundred and eight "breasts" on the bell.
108は煩悩の数を表しています。	One hundred and eight represents the number of worldly desires of human beings.
日本では大みそかのときに除夜の鐘を鳴らします。	In Japan, temples ring their bells on New Year's Eve.

※除夜の鐘についての表現は「日本の四季と年中行事」の章を参照。

はすの花

あれははすの花です。	Those are lotus flowers.
寺ではよくはすを見かけます。	You often see lotus flowers at temples.
はすは清らかさの象徴です。	The lotus is a symbol of purity.
はすは沼の泥の中でも咲く花です。	Lotus flowers bloom in a muddy pond.
苦悩の世界から抜け出して花を咲かせることを表しています。	The lotus symbolizes "blooming" by leaving behind the world of pain and suffering.
多くの仏像ははすの花の台座にのっています。	Many statues are placed on top of a lotus stand.

池・鯉（こい）・ししおどし

池を見に来てください。	Come and look at the pond.
鯉（こい）が泳いでいますよ。	There are carps.
あの竹の道具を見てください。	Look at the bamboo device.
竹筒の一方に水がたまると跳ね上がって石を打ちます。	It hits the stone when the water fills one end of the bamboo.
鋭く、はっきりとした音をたてます。	It makes a sharp, clear sound.
この竹の道具は日本庭園でよく見かけます。	You often see this bamboo device in a Japanese garden.
涼しげな響きを楽しみます。	We enjoy the cooling sound.
もともとは田畑を荒らす鳥や動物を追い払うための装置でした。	It originally was a device to scare off birds and animals that damaged the fields.

6 仏像を見る ······················· 💿 DISK 2　TRACK 30

仏殿に向かう・まつられている仏像

仏殿に参りましょう。	Let's move on to the hall of Buddha.
お寺には拝む対象があります。	In Buddhist temples, there is a specific image of worship.
この寺にはあみだ像がまつられています。	The Amida Buddha is enshrined at this temple.
本尊は観音像です。	The central image is the Kannon statue.
ここには地蔵菩薩があります。	Here you'll see the Jizō statue.

お堂の中

少し薄ぐらいです。	It's dark inside.
中が見えにくいです。	It's hard to see.
天井の絵が美しいです。	The painting on the ceiling is gorgeous.
奥に仏像があります。	There is a Buddhist statue in the back.

参拝する

手を合わせます。	Put your hands together.
静かにお参りします。	Pray silently.

お釈迦さまについて簡単に説明しましょう。	Let me briefly tell you about Siddhartha Gautama.
釈迦はインドの王子でした。	Siddhartha Gautama was an Indian Prince.
釈迦は29歳のときに出家しました。	He went on a religious search when he was twenty-nine years old.
悩みや苦しみから人を救う方法を考えました。	He tried to find ways to save people from pain and suffering.
6年間、きびしい修行をしました。	His difficult search went on for six years.
35歳のとき、悟りを開きました。	He attained enlightenment when he was thirty-five years old.

神社・寺に案内する

7 如来像 ·····························● DISK 2　TRACK 31

如来像の特徴：衣・頭のカール・眉間の突起物など

ここでは阿弥陀如来・薬師如来像など、如来像に共通する特徴を挙げています。

如来はサンスクリット語で「真実から来た者」という意味です。	*Nyorai* means "the one who came from truth" in Sanskrit.
如来は悟りを開いた釈迦がモデルです。	The model of *Nyorai* is a fully enlightened Buddha.
威厳がある表情をしているでしょう。	The expression is calm and serene.

衣一枚しかまとっていません。	*Nyorai* is wearing only a simple robe.
出家したとき一切の飾りをはずしました。	He took off all his jewelry when he took up religion.
耳たぶが長いでしょう。	He has long earlobes.
王子だったころはピアス式の耳飾りをしていました。	He used to wear pierced-earrings when he was a prince.
頭にカールがあります。	There are curls on his head.
釈迦は縮れ毛でした。	Buddha had naturally frizzy hair.
ひたいの突起物はほくろではありません。	The dot on his forehead isn't a mole.
これは白い髪の毛がうずを巻いたものです。	It's a curled white hair.
この髪の毛はいつも光を放っていると言われています。	This hair is radiant at all times.
頭の上にこぶが見えますか。	Do you see the lump over his forehead?
これはお釈迦さまの知恵のこぶです。	The lump indicates Buddha's superior wisdom.

阿弥陀如来（あみだにょらい）

あみださまは極楽浄土の仏です。	Amida is a Buddha of the Western Paradise.
あみだとはサンスクリット語で「無量の寿命と光明」という意味です。	Amida means "eternal life and light" in Sanskrit.

あみださまは人を救うために 48 の誓いを立てました。	Amida Buddha made forty-eight vows to save people.
念仏を唱えれば極楽浄土に行けると説きました。	He promised that he'll take people to the land of happiness if you repeat the sutra.
極楽浄土へ導いてくれる仏として厚い信仰を集めています。	Amida is widely worshipped because of his power to guide people to paradise.

薬師如来（やくしにょらい）

薬師如来はいやしの仏です。	Yakushi is a Buddha of Healing.
薬師如来は病気を治すと信じられています。	Yakushi Buddha is known to heal illnesses.
左手に薬の壺を持っています。	He is holding a medicine jar in his left hand. 注）薬壷（やっこ）を持たない像もあります。
現世で病や貧困を取り除いてくれる仏として信仰されています。	He attracts many worshippers for his power to take away illness and poverty in this life.

 **8 菩薩像**·······························◉ DISK 2 TRACK 32

この欄では聖観音など、菩薩像に共通する基本の特徴を挙げています。

菩薩像の特徴：アクセサリーなど

菩薩は慈悲深い仏さまです。	*Bosatsu* is a compassionate Buddhist deity.

菩薩は人々を救済する仏です。	The purpose of *Bosatsu* is to save mankind.
人々を救済すると同時に自らの悟りを求めています。	At the same time, *Bosatsu* is searching for his own enlightenment.
菩薩は王子だったころの釈迦がモデルです。	The model of *Bosatsu* is Buddha when he was a Prince.
菩薩像は王子として着飾った姿をしています。	*Bosatsu* statues are fully dressed as a Prince.
髪が結われています。	The hair is neatly done.
アクセサリーをつけています。	He is wearing jewelry.
穏やかなや慈悲深い表情をしています。	His expression is gentle and compassionate.

聖観音（しょうかんのん）

観音さまは慈愛の仏です。	Kannon is the Goddess of Mercy.
一般的に「女神」と英訳されますが、女性ではありません。	Although it's usually translated as "Goddess," Kannon is not female.
胸がふくらんでいて女性に見えますね。	It looks female because of its full breasts.
胸のふくらみは特別な呼吸法を表しています。	The breasts represent a particular method of breathing.
「観音」とは「音を観る」という意味です。	"Kannon" means "hearing the voice of people."
観音さまは人々の願いや思いを聞いて観ることができます。	Kannon can hear and see the wishes and feelings of people.

| 悩みを取り除いてくれます。 | Kannon removes suffering and pain. |
| 観音さまは深い慈悲で人々を救います。 | Kannon who is deeply compassionate saves people. |

十一面観音（じゅういちめんかんのん）

これは十一面観音です。	This is the Eleven-faced Kannon.
頭の上に十一の小さい顔があります。	There are eleven small faces on top of the head.
人々は観音さまにいろいろなことをお願いします。	People come to Kannon to ask for many different things.
観音さまはその人に合った表情で願いごとを聞きます。	The Kannon listens to you with an appropriate expression.

地蔵菩薩（じぞうぼさつ）

これはお地蔵さまです。	This is a Jizō Statue.
お地蔵さまは迷っている人々を救ってくれる仏です。	Jizō saves those who are lost.
僧侶の格好をして人々のそばにいます。	He appears as a monk to be close to the people.
赤い前かけと帽子は何だと思いますか。	What do you think that red bib and cap are for?
赤い前かけと帽子をしているのは、お地蔵さまが子供たちを守ってくれる仏だからです。	Jizō wears a red bib and cap because he is known as the guardian of children.

この世で幼くして命をなくした子供の魂を導きます。	He guides the souls of infants who lost their short lives on earth.
子供の魂が迷わずに極楽浄土にたどり着けるように道案内をするのです。	He guides their souls so they will safely find their way to heaven.
お地蔵さまのまわりにかざぐるまがありますね。	Around him you can see pinwheels in bright colors.
おもちゃとして子供たちの霊を楽しませています。	They are toys to make the spirits of babies happy.

⑨ その他の仏像 ······················ ◎ DISK 2 TRACK 33

閻魔王（えんまおう）

これは閻魔像です。	This is an Emma statue.
怖くて険しい表情をしています。	He looks scary and strict.
閻魔は冥土の裁判官です。	Emma is the judge of the other world.
人間の生前の罪を裁きます。	He judges the sins which people committed on earth.

⑩ おみくじを引く ·················· ◎ DISK 2 TRACK 34

おみくじを引く

おみくじを引いてみませんか。	Do you want to get a fortune paper?

おみくじは未来の吉凶を占う紙です。	It tells you about your near future.
私が内容を訳してあげましょう。	I'll translate what it says.
この箱を振ってください。	Please shake this box.
穴から棒を出します。	Take out a stick from the tiny hole.
棒には漢字で番号が書いてあります。	There is a number written in Chinese characters.
その番号のおみくじをもらいます。	You get the fortune paper corresponding to that number.
これは四十七番です。	This is forty-seven.
四十七番をもらいましょう。	Let's get the number forty-seven fortune paper.

おみくじを読む：大吉・吉・凶など

これは大吉です。	It's great luck.
これは中吉です。	That's very good luck.
これは小吉です。	That's good luck.
末吉です。	That's moderately good luck.
吉です。	That's fairly good luck.
凶です。	That's bad luck.
大凶です。	That's very bad luck.

願いごとは叶います。	Your wishes will be granted.
必ず成功するでしょう。	Success is on your way.
よい結果を得るでしょう。	The results are good.
病気は治るでしょう。	Illness will be cured.
紛失物は見つかるでしょう。	Lost objects will be found.
待ち人は来るでしょう。	You'll meet the person you've been waiting for.
引っ越しや新築はよいでしょう。	Moving or building a new house is good.
旅行はよいです。	Traveling is good.
よい仕事が見つかるでしょう。	You'll find a good job.
試験に合格するでしょう。	You'll pass the exam.
財産は手に入ります。	You'll have money and fortune.
結婚はよいです。	Marriage is good.
よい相手に巡り合うでしょう。	You'll find your ideal mate.

願いごとが叶うまで時間がかかるでしょう。	It'll take some time before your wishes come true.
悪い結果になるでしょう。	The results will be bad.
あせってはいけません。	Be patient.
ゆっくりと成功を待ちましょう。	Wait patiently for your success.

健康に気をつけましょう。	Watch your health.
事故に気をつけましょう。	Watch out for accidents.
待ち人は遅くなるでしょう。	It'll take a while before you meet the person you are waiting for.
引っ越しは待ちましょう。	You should wait before moving to a new location.
旅行は避けましょう。	Postpone traveling.
紛失物に気をつけましょう。	Be careful not to lose anything.
無駄遣いに気をつけましょう。	Try not to overspend.
結婚は待ちましょう。	Marriage should wait.

おみくじを引き終わったら

よい結果でよかったですね。	I'm happy that your fortune is good.
悪い結果でも落ち込まないでください。	Don't worry even if your fortune isn't good.
凶は大吉へと転じます。	Bad luck can turn into good luck.
仏さまに守ってもらうようにお願いします。	We pray so the Buddhist deity will protect you.
願いごとが叶うように祈りましょう。	Let's pray so your wish will be granted.
おみくじは折ってここに結びましょう。	Let's tie the fortune paper here.
おみくじは持ち帰ってもいいです。	It's okay to take the fortune paper home.

ここでお守りを売っています。	They are selling amulets over here.
布の小さな袋はお守りです。	The small pouches are amulets.
中に木や紙のお札が入っています。	Inside the pouch, there is a strip of wood or paper.
お札には寺または神社の名前が書いてあります。	The name of the temple or shrine is written on it.
お守りは幸福をもたらすとされています。	Amulets are good luck charms.
悪霊から守ってくれます。	They protect us from evil.
"Amulets" は日本語で「お守り」と言います。	"Amulets" are called "*omamori*" in Japanese.
神社や寺に行くとたくさんの人がお守りを買います。	Many people buy *omamori* when they visit a shrine or a temple.
お守りにはいくつかの種類があります。	There are a variety of amulets.
例えば、学業成就や交通安全のためのお守りがあります。	For example, there are *omamori* for passing an exam or protection against accidents.
幸福を願ってお守りを人に贈ることもあります。	*Omamori* can be given as a gift to wish someone happiness.

護身や幸運のためにお守りを身
に付けます。

People carry amulets around
with them for protection and
good luck.

記念にいかがですか。

Do you want to get one for a
souvenir?

買い物をする・おみやげを選ぶ

Shopping and Buying Souvenirs

1 買い物に誘う ･････････････････ ◉ DISK 2 TRACK 36

買い物に誘う

今日は買い物に行きましょう。	Let's go shopping today.
街を歩きながら買い物ができます。	We can shop as we walk around the city.
みやげ屋が並ぶ通りを歩きます。	We'll pass through a street full of souvenir shops.
みやげ屋に案内します。	I'll take you to a souvenir shop.
ショッピングモールに案内します。	I'll take you to a shopping mall.
デパートに行きましょう。	Let's go to a department store.
おみやげを買ういい機会です。	It's a good chance to buy your souvenirs.
ご家族や友達へのおみやげも探せますよ。	You can look for something for your family and friends.

相手の見たいもの・欲しいものをたずねる

何が見たいですか。	What do you want to look for?
何を買いたいですか。	What do you want to buy?
おみやげに何を買いたいですか。	What do you want to buy for souvenirs?

誰へのおみやげを探しているのですか。	Whose souvenirs are you looking for?

"Where can I find pottery?（陶器はどこで買えますか）" "I want to look at cameras.（カメラが見たいです）" など、特定の物がどこで売っているかをたずねられたら、以下のフレーズを使って答えましょう。

みやげ屋で買えます。	You can get it at a souvenir shop.
工芸店にあります。	They have them at craft shops.
デパートで売っています。	They sell them at department stores.
アンティークショップがお勧めです。	Antique shops are good places to go.
ディスカウントショップで買えます。	You can get it at a discount shop.
よい店を知っています。	I know a good shop.
どこで売っているかわかりません。	I don't know where they sell it.
調べておきます。	I'll check.

高いです。	It's expensive.
安く買えます。	You can get it at low prices.
ものによります。	It depends on the quality.
一級品は値段が高いです	The top-quality products are expensive.

買い物をする・おみやげを選ぶ

3
4

10,000円以内で買えます。	You can get it under ten-thousand yen.
だいたい1000円から3000円で買えます。	You can buy it from around one thousand yen to three thousand yen.
安くても1万円以上します。	Even a cheap one costs over ten thousand yen.

店の営業時間

朝11時から開いています。	It's open from eleven in the morning.
夜7時半に閉まります。	It closes at seven-thirty in the evening.
営業時間は10時30分から8時です。	It's open from ten-thirty to eight.
定休日は火曜日です。	It's closed on Tuesday.
コンビニはだいたい24時間営業です。	The convenience stores are usually open twenty-four hours.

② 一緒に買い物をするときの基本表現

DISK 2　TRACK 37

店に入る

おもしろそうな店ですね。	This shop looks interesting.
ここは私の好きな店です。	This is my favorite shop.
入りたい店があったら言ってください。	Tell me if you want to go in and look.

入りましょうか。	Would you like to go in?
入りましょう。	Let's go in.
見ましょう。	Let's look.
見て回りましょう。	Let's look around.
時間はあります。	We have time.
ゆっくり見てください。	Take your time.

商品の価格・予算について

値段をチェックしましょう。	Let's check the price.
あなたの予算はいくらですか。	How much would you like to spend on that?
これは一つ 500 円です。	It's five hundred yen each.
これは 9,800 円です。	This is nine thousand eight hundred yen.
これはたったの 300 円です。	This is only three hundred yen.
値段が書いてありませんね。	There is no price tag.
いくらなのか店員に訊いてきます。	I'll ask him/her how much this is.

値段についてコメントする

高いですね。	That's expensive.
それは安いです。	That's cheap.
お買い得ですね。	That's a good buy.
高いですが品質はいいです。	It's expensive, but it's good quality.

手作りなので高いです。	It's expensive because it's all hand-made.
買う価値はあります。	It's worth buying.
予算オーバーですね。	It's over your budget.
他で安く買えるかもしれません。	We might get a cheaper one at another place.

セール品

今、セールをやっています。	They're having a sale.
それは 50％オフです。	That's fifty percent off.
それはセール品です。	That's on sale.
それはセール除外品です。	That's not on sale.

商品を一緒に選ぶ

いいですね。	That's nice.
きれい / かわいいですね。	That's beautiful/cute.
色がいいですね。	The color is nice.
デザインがいいですね。	The design is nice.
とても日本的です。	It looks very Japanese.
手作りです。	It's hand-made.
日本の代表的なみやげ品です。	It's a popular Japanese souvenir.
地元の名産品です。	It's a famous local souvenir.
おみやげにぴったりです。	That's perfect for a souvenir.

商品を勧める：「これはどうですか」

これはどうですか。	How about this one?
このデザインはどうですか。	How about this design?
色ちがいもあります。	They have different colors.
私はこれがいいと思います。	I think this is nice.

人への贈り物を選ぶ

お母さんのおみやげにこれはいかがですか。	How about this one for your mother?
お友達にいかがですか。	Why don't you get it for your friends?
彼 / 彼女 / みんなに喜ばれると思います。	I'm sure he/she/they will like it.
お父さん / お母さんも喜びます。	Your father/mother will be happy.
ご主人 / 奥さんも喜びます。	Your husband/wife will be delighted.
息子さん / 娘さんも気に入るでしょう。	I'm sure your son/daughter will like it.
お子さんに喜ばれると思います。	I think your kids would love it.

気に入ったかどうか・おみやげを買ってあげる

気に入りましたか。	Do you like it?
欲しいですか。	Do you want it?
私にプレゼントさせてください。	Let me get it for you.
喜んで贈ります。	It's my pleasure.

どこにあるか訊いてきます。	I'll ask where it is.
どこで売っているか訊いてきます。	I'll ask where they sell it.
それはここにはありません。	They don't sell that here.
他の店に行ってみましょう。	Let's try someplace else.

③ 買い物をするときに使う日本語表現の説明

.... ◎ DISK 2　TRACK 38

値段をたずねたいときは「これはいくらですか」と訊きます。	When you want to ask, "How much is this?" we say, "*Kore wa ikura desuka.*"
"What's this?" と訊きたいときは「これは何ですか」と言います。	"What's this?" is "*Kore wa nan desuka.*"
"I'll get this." と言うときは「これをください」です。	"I'll get this." is "*Kore wo kudasai.*"
買わないときは「これはいりません」です。	"I don't need this." is "*Kore wa irimasen.*"

④ デパートに行く

.... ◎ DISK 2　TRACK 39

ここは人気のあるデパートです。	This is a popular department store.
日本のデパートはとても便利です。	Japanese department stores are very convenient.

まず衣服や化粧品などの一般的なファッション雑貨があります。	They have the usual fashion items like clothing and cosmetics.
さらに上にはレストランフロアがあります。	Also, they have restaurants on the top floor.
買い物が終わったら上の階に行って食事ができます。	You can go up to the restaurant floor after you finish shopping.
イタリアン、和食、中華などいろいろなレストランがあります。	There are Italian, Japanese, and Chinese restaurants among others.
地下には食料品売り場があります。	They sell foodstuffs in the basement.
デパートの食料品売り場は「デパ地下」と言われています。	The food floor is popularly known as *depa-chika.*
「デパ」は "department"、「地下」は "basement" という意味です。	*"Depa"* means "department" and *"chika"* means "basement."
厳選されたよい食材を売っています。	They sell all kinds of selected gourmet food.
フロアガイドはエスカレーターの脇にあります。	There's a floor guide by the escalator.
5階に行きましょう。	Let's go to the fifth floor.
エスカレーターはこちらです。	The escalator is this way.
エレベーターはあちらです。	The elevator is that way.
上に行きましょう。	Let's go up.
下に行きましょう。	Let's go down.

ここは新しいショッピングモールです。	This is a new shopping mall.
西洋風のショッピングモールは最近日本で増えています。	Western-style shopping malls are becoming popular in Japan.
衣類から食料品まで何でもそろいます。	You can buy anything from clothing to food.
あちらのビルには映画館やゲームセンターが入っています。	There are movie theaters and a game center in the other building.
迷子にならないようにフロアガイドをもらいます。	I'll get the floor guide so we won't get lost.
あそこにあるフロアガイドを見ましょう。	Let's look at the floor guide over there.
どこから見ましょうか。	Where do you want to look first?
この階から見て回りましょう。	Let's start from this floor.
みやげ屋は1階にあります。	The souvenir shop is on the first floor.
どこでも好きな店を見てください。	Take a look at any shop you like.

6 100円ショップ ·················· 💿 DISK 2 TRACK 41

100円ショップに行きましょう。

Let's go to a *"hyaku-yen"* shop.

100円ショップは今、日本で人気があります。

Hyaku-yen shops are popular in Japan now.

「百円」とは〝one-hundred yen〟という意味です。

"Hyaku-yen" means "one-hundred yen."

店内の商品はすべて100円です。

Everything in the shop is one-hundred yen.

文具、台所用品、化粧品などいろいろあります。

They have stationery, kitchen goods, cosmetics, and other things.

安いのでつい、いろいろな物を買ってしまいます。

I tend to buy all kinds of things because they are so cheap.

品質も悪くないですよ。

The quality isn't bad.

あなたの国にこういう店はありますか。

Are there shops like these in your country?

3
4

買い物をする・おみやげを選ぶ

7 みやげ屋に行く ·················· 💿 DISK 2 TRACK 42

この通りにはみやげ屋が並んでいます。

There are many souvenir shops along this street.

ここは伝統的なみやげ屋です。

This is a traditional souvenir shop.

おみやげを買うならここがベストです。

It's a perfect place to buy souvenirs.

| 日本の工芸品がそろっています。 | They have all kinds of Japanese crafts. |
| 工芸品、絵はがき、Tシャツ、せんすなどいろいろあります。 | They are crafts, postcards, T-shirts, fans and other things. |

8 みやげ屋で見かける縁起物 … ◎ DISK 2　TRACK 43

縁起物について

日本にはたくさんの縁起物があります。	There are all kinds of lucky charms in Japan.
例えば、まねき猫、だるま、七福神などです。	For example, there are beckoning cats, *daruma*, and seven lucky gods.
幸運をもたらすとされます。	They are supposed to bring good luck.
厄除けをします。	They take away bad luck.
あなたの国に縁起物はありますか。	Are there any good luck charms in your country?

まねき猫

この猫の置き物は「まねき猫」と呼ばれています。	This cat figure is called "*maneki-neko*."
「招く猫」という意味です。	"*Maneki-neko*" means "a beckoning cat."
商売繁盛をもたらすとされています。	It is known to bring business prosperity.

猫は福をもたらす霊力があると
信じられていました。

People believed cats had a
special power to bring good
fortune.

店やレストランでよく見かけます。

You see them at shops and
restaurants.

今度、店に行ったらチェックし
てみてください。

Look for one the next time
you go into a shop.

きっとまねき猫がありますよ。

I'm sure you'll see one.

大きい小判を抱えています。

It's holding a big, ancient coin.

ざぶとんにのっているかわいい
小さな招き猫を見てください。

Look at the cute little cats on
the cushions.

お守りとしてひとついかがですか。

Do you want to buy one for
good luck?

だるま人形

これらはだるま人形です。

These are *daruma* dolls.

偉大な禅僧「だるま大師」の人
形です。

They are modeled after a great
Zen priest called Bodhidarma.

目が白いでしょう。

Their eyes are blank.

願いごとをするときに目のひと
つを黒くぬります。

You paint one eye black when
you make a wish.

願いごとが叶ったときにもう片
方の目を描き入れます。

You paint in the other eye
when your wish comes true.

「だるま」をよく見かけるのは
いつだと思いますか。

When do you think we often
see *daruma*?

選挙のときによく見かけます。

We often see them at election time.

3
4

当選した人が大きなだるま人形の目を黒くぬります。	People who win the election paint in the second eye on a big *daruma*.
だるま人形の前で「ばんざい！」と叫んで喜びます。	They shout, "*Banzai!*" which means "Hurray!" in front of a *daruma*.

七福神

これらは七福神の人形です。	These are dolls of the seven lucky gods.
幸せと福をもたらしてくれる神様として知られています。	They are known to bring happiness and good fortune.
インド、中国、そして日本の神様たちです。	They are gods from India, China, and Japan.
それぞれ違うご利益を与えてくれます。	Each brings a different type of good fortune.
親しみ深いのは大黒さまと恵比寿さまです。	The popular gods are Daikoku and Ebisu.
打ち出のこづちと袋をかついでいるのは大黒天です。	Daikoku is carrying a mallet and a sack.
大黒さまは豊穣を与えてくれます。	Daikoku brings good harvests.
つり竿とタイを抱えているのは恵比寿さまです。	The god with a fishing rod and sea bream is called Ebisu.
恵比寿さまは大漁と商業の神様です。	Ebisu is a god of fishery and commerce.
長い頭を持った神様は福禄寿です。	The god with the elongated forehead is called Fukurokuju.

福禄寿は鶴を従えています。	Fukurokuju is attended by a crane.
福禄寿は幸福と長寿を与えてくれます。	He provides happiness and longevity.
ただ一人の女性の神様は弁財天です。	The only goddess is called Benzaiten.
弁財天は芸能と弁才の神様です。	Benzaiten is a goddess of the arts and eloquence.

9 干支 ······························ ◎ DISK 2　TRACK 44

これらの動物は干支の人形です。	These animals are *eto* dolls.
干支は日本の十二宮です。	*Eto* is the Japanese zodiac.
干支で年・月・日・時刻・方位などを表します。	*Eto* indicates years, months, days, time, and directions.
もとは中国で生まれました。	It originated in China.
占星術は星座に分かれていますよね。	Western horoscopes are star signs.
干支の場合は動物があてられています。	*Eto* has animal signs.
干支には 12 の動物がいます。	There are twelve animals in *eto*.
ねずみ、うし、とら、うさぎ、たつ、へび、うま、ひつじ、さる、とり、いぬ、それからいのししです。	They are the rat, the ox, the tiger, the rabbit, the dragon, the snake, the horse, the sheep, the monkey, the rooster, the dog, and the boar.

占星術では一年が 12 の星座に分かれています。	In a Horoscope, a year is divided into twelve signs.
干支の場合、ひとつの動物が一年を表します。	In a Japanese zodiac, each sign represents a year.
今年はうま年です。	This year is the year of the Horse.
私はさる年に生まれました。	I was born in the year of the Monkey.
あなたは何年生まれですか。	In what year were you born?
1965 年ですか。	Were you born in 1965?
それではへび年ですね。	You are a Snake.

⑩ 日本的な小物・飾り ············ ◎ DISK 2　TRACK 45

風鈴

これらは風鈴です。	These are wind-chimes.
きれいでやさしい音色でしょう。	They make a nice, gentle sound, don't they?
日本では夏に飾ります。	In Japan, people hang them up in summer.
涼しげな音を楽しみます。	People enjoy the cooling sound of the bell.
クーラーがない時代の涼を取るための工夫でしょう。	It was a way to feel "cool" when there were no air conditioners.

私も夏になると窓際に飾ります。	I hang one up by the window in summer.
こちらのものは鉄でできています。	This is made of iron.
この鉄は東北地方の南部鉄です。	It's "Nambu iron" from northern Japan.
ドアのところに置いて呼び鈴としても使えますよ。	You can put it up by the door and use it as a doorbell.

扇子

きれいな扇子がたくさんありますよ。	Look, there are many beautiful folding fans.
扇子は末広がりです。	Fans are wider at the top.
次第に物事が栄えていくことを表すおめでたいかたちです。	It's a lucky shape that means things will prosper in the future.
こちらのものは和紙からできています。	These are made from Japanese *washi* paper.

うちわ

こちらの丸いのはうちわです。	This round fan is called "*uchiwa*."
骨組みは竹でできています。	The frame is made from bamboo.
この花は朝顔です。 （うちわの柄を指す）	This flower is a morning-glory.
朝顔は夏の花です。	The morning-glory is a summer flower.

ふろしき

この四角い布はふろしきです。	This square piece of cloth is *furoshiki*.
日本のラッピング用の布です。	It is a kind of Japanese "wrapping" cloth.
いろいろなものを包みます。	We use it to wrap all kinds of things.
友人宅を訪ねるとき、贈り物をふろしきに包んで持っていく人もいます。	Some people take a gift wrapped in *furoshiki* when they visit a friend's house.
紙と違って破れません。	It doesn't tear like paper.
何度でも使えます。	You can use it over and over.
いろいろなサイズがあります。	There are different sizes.
テーブルクロスとして使えます。	It can be used as a tablecloth.

ちりめん小物

こちらはちりめん生地です。	These are *chirimen* textiles.
表面に細かな縮じわがあります。	There are uneven wrinkles on the surface.
かわいいポーチやバックがたくさんあります。	There are all kinds of cute pouches and purses.

お香

これらはお香です。	These are incense.
家庭でいい香りを楽しめます。	You can enjoy the nice fragrance at home.

さまざまな香りがあります。	They are many different fragrances.
これは白檀(びゃくだん)です。	This is sandalwood.
香立ては付いています。	The incense stand is inside.
香炉は別に買います。	You have to buy an incense burner separately.
6cm ぐらいのスティックタイプの香の燃焼時間は約 15 分です。	A six-centimeter long incense stick burns for about fifteen minutes.
コイル型のものは長時間たけます。	The coil-type lasts longer.
コーン型のものは短時間で強い香りがでます。	The cone-type gives out a strong fragrance in a short time.
直接火をつけたのち、炎を消します。	You light it directly and put out the flame.

11 木のおもちゃ・人形 ············ ◎ DISK 2　TRACK 46

伝統的な木のおもちゃについての表現

これらは伝統的な木のおもちゃです。	These are traditional wooden toys.
素朴で楽しいおもちゃです。	They are simple and fun to play with.
これらは日本のこまです。	These are Japanese tops.
色あざやかできれいです。	The colors are nice and bright.

※「だるま」の説明はこの章の「だるま人形」を参照。

これはだるま落としです。	This is "Taking down the *daruma*" game.
木の筒を積み重ねます。	You stack up the wooden pieces.
だるまの顔を一番上に乗せます。	You put the face of the *daruma* on top.
木づちで筒を叩きます。	You hit a piece with a wooden hammer.
水平に叩きます。	You hit it sideways.
全体が崩れないようにします。	You mustn't let the other pieces fall.
うまく叩くと、叩いた木のピースだけが横に抜けます。	If you hit it right, only the piece you hit will fall out.
残った部分を順番に叩きます。	You hit the remaining pieces one by one.

けん玉

これはけん玉です。	This is a cup-and-ball game.
サンプルが出ていますね。	Here is a sample.
私がやってみせましょう。	I'll show you how to play.
取っ手を持ちます。	You hold the handle.
玉を下にたらします。	You hang the ball down.

玉を振り上げてくぼみに受け止めます。	Toss it up and catch it in the cup.
大きい皿と小さい皿があります。	There is a big cup and a small cup.
うまい人は玉を棒に突き刺すこともできます。	Some people can even get the ball onto the stick.
試してみますか。	Would you like to try?
練習するとできるようになりますよ。	You'll get better with practice.

こけし

これらはこけし人形です。	These are *kokeshi* dolls.
愛らしい木の人形です。	They are charming wooden dolls.
こけしは東北地方の民芸品です。	They are a folkcraft of northern Japan.
東北地方にはたくさんの温泉があります。	There are many hot springs in the northern region.
こけしは湯治場のおみやげでした。	*Kokeshi* dolls were souvenirs for the people who came to the hot springs to recuperate.
ひとつひとつ表情が違います。	Each doll has a different expression.
どの人形が好きですか。	Which doll do you like?
この人形はかわいいですね。	This doll is cute.

 **お面** ································· ◉ DISK 3　TRACK 1

能面：子面（こおもて）・般若（はんにゃ）

※能についての表現は「予定をたてる・待ち合わせをする」の「伝統芸能・相撲」を参照。

これらは能面です。	These are *noh* masks.
能は面をつけて行われます。	*Noh* roles are performed with masks on.
こちらは若い女性役のための子面（こおもて）です。	These masks are for young female roles.
ほほ笑んでいるように見えます。	They look like they are smiling.
別の角度から見ると悲しんでいるようにも見えます。	When you look at them from another angle, they look sad.
見る角度によって、表情が違います。	The masks have different expressions depending on the angle.
つのがある恐ろしい顔をしている面ははんにゃです。	The scary-looking masks with horns are *hannya* masks.
これらは鬼女の面です。	They are the masks of female demons.
女性の深い嫉妬と悲しみを表しています。	They express deep jealousy and sorrow of women.
面自体に魂が宿っているようです。	It seems like the masks have souls of their own.

ゆかいな表情の面は民衆の神楽（かぐら）の面です。	The masks with humorous expressions are used in folk *kagura*.
神楽（かぐら）は神様に捧げる歌と舞いです。	*Kagura* is a sacred song and dance for god.
これらは「おかめ」の面です。	These are *okame* masks.
「おかめ」は中年女性の道化面です。	*Okame* masks are used for comical roles of middle-aged women.
おかめは美人ではありませんが、愛嬌があります。	*Okame* is not exactly beautiful, but is very charming.
口をすぼめた男の面は「ひょっとこ」です。	The male mask with a puckered-mouth is "*hyottoko*."
口をすぼめて火を吹く顔つきをしています。	It's the "fire-blowing" expression.

13 浮世絵 ······························· ◉ DISK 3 TRACK 2

これらは浮世絵のプリントです。	These are *ukiyo-e* prints.
木版画です。	They are wood-block prints.
「浮世」には「はかない世の中」や「俗世間」という意味があります。	"*Ukiyo*" means "a floating and secular world."
「絵」は"paintings"という意味です。	"*E*" means "paintings."

江戸時代の風俗画です。	They are genre paintings of the Edo period.
江戸時代は 1600 年から 1868 年です。	The Edo period was from 1600 to 1868.
風景や庶民の生活を描いています。	They depict scenery and the everyday life of the common people.
これは遊女の絵です。	This is a print of a courtesan.
これは歌舞伎役者の絵です。	This is a print of a *kabuki* actor.
これは富士山の絵です。	This is a print of Mt. Fuji.
額に入れて部屋に飾ったらすてきです。	You can frame it and hang it in your room.

(14) Tシャツ ••••••••••••••••••••••••••••• ◎ DISK 3 TRACK 3

漢字が書いてあるTシャツがありますよ。	They have T-shirts with Chinese characters.
これは「いちばん」と読みます。	This reads, "*Ichiban.*"
「一番」は "Number One" という意味です。	"*Ichiban*" means "Number One."
それは歌舞伎役者のプリントです。	That's the print of a *kabuki* actor.
サイズはS、M、Lがあります。	They have small, medium, and large sizes.
これはフリーサイズです。	It's a free size.

| 大きめのサイズを買ったほうが
いいかもしれません。 | It might be better to get a
bigger size. |
| 西洋に比べて日本のサイズは小
さめですから。 | Japanese sizes are smaller
compared to Western sizes. |

15 伝統工芸品を見る ················ ◎ DISK 3 TRACK 4

和紙

ここは美しい和紙を売っています。	They have beautiful *washi* paper here.
和紙は日本の伝統的な紙です。	*Washi* is traditional Japanese paper.
和紙は丈夫で長持ちします。	It's strong and doesn't crumble easily.
1200年以上も昔の文書が残っ ています。	The documents made from *washi* from one thousand two hundred years ago still remain.
和紙はこうぞなどの植物からで きています。	*Washi* is made from mulberry and other plants.
和紙は木の皮の繊維を使って作 ります。	The natural fiber of the bark is used to make *washi*.
光沢があります。	It has a fine sheen.
ラッピングペーパーにも最適です。	It'll make perfect gift- wrapping paper.
これは1枚600円です。	It's six hundred yen a sheet.

この小箱はいかがですか。	How about this paper box?
小箱はジュエリーボックスとしても使えます。	It can be used as a jewelry box.
小箱の組み立て方は中に入っています。	The instructions on how to assemble the box are inside.

折り紙

こちらは折り紙です。	These are *origami*.
折り紙は正方形の紙です。	*Origami* is a square piece of paper.
「折り紙」は「紙を折る」という意味です。	"*Origami*" means "paper-folding."
折り紙は繊細な芸術です。	It's an intricate art form.
紙を折っていろいろなかたちを作ります。	You can make all kinds of shapes by folding the paper.
例えば、鶴、かぶと、小箱などを作ります。	For example, we make cranes, *samurai* war helmets, and small boxes.
紙を切ったり、貼ったりせずに作ります。	We make them without cutting or pasting the paper.
子供の頃、私は折り紙をして遊びました。	I used to play with *origami* when I was little.
願いごとがあるときに私たちは千羽鶴を作ります。	We make one thousand cranes when we want to make a wish.
例えば、野球の試合の勝利を願って作ります。	For example, we make them in hopes of winning a baseball tournament.

| また、病気の人におくります。 | Or we give them to someone who is sick. |
| そうしてその人の回復を祈ります。 | We pray that he or she gets well soon. |

竹細工

これらは竹細工です。	These are bamboo crafts.
竹を編んだものです。	These are made from braided bamboo.
軽くてしなやかです。	They are light and flexible.
これは「ざる」です。	This is a *zaru* tray.
そばを食べるときに使います。	We use it when we eat Japanese noodles.
こちらは手桶です。	This is a pail.
花びんとして使ったらすてきですよ。	It'll make a nice flower vase.
小さいかごはお菓子入れとして使えます。	Small baskets can be used as a candy box.
竹細工は湿気の多いところでの保管を避けてください。	Avoid leaving the bamboo crafts in a humid atmosphere.
使った後は乾燥させてください。	Be sure to keep the baskets dry after using.

やきもの

やきものは有名な日本の伝統工芸です。	Pottery is a famous Japanese traditional craft.
日本全国にたくさんの窯（かま）があります。	There are many kilns across Japan.
地域によって様式が違います。	The styles differ from region to region.
色あざやかなものや、素朴で渋いものなど、種類はいろいろです。	Some pottery is colorful, and some are simple and rustic.
こちらにある湯のみを見てください。	Look at these Japanese teacups.
これらは備前焼です。	They are Bizen-ware.
表面がざらりとしています。	Their surface is rough.
大地の温もりがあります。	They are earthy.
日本のやきものは白を基調にした、整ったかたちの西洋食器とは違う美しさがあります。	Japanese pottery is quite different from the white-based, perfectly-shaped Western pottery.
日本のやきものは使いこむほど味がでます。	Japanese pottery gets better with usage.

漆器

小文字で始まる"china"が「磁器」を表すことはご存知でしょう。	You must know "china" with a small "c" means porcelain.
同じように、小文字で始まる"japan"は漆器を表します。	In the same way, "japan" with a small "j" indicates lacquerware.
漆器は木にうるしを塗ったものです。	The wood is coated with lacquer.

日本にはうるし製品がたくさんあります。	There are many lacquer products in Japan.
例えば、はし、汁わん、茶たく、お盆などがあります。	For example, there are chopsticks, soup bowls, tea saucers, and trays.
漆器は軽くて丈夫です。	Lacquerware is light and durable.
これらは日本の汁椀です。	These are Japanese soup bowls.
日本人は汁椀を持ち上げて汁物を飲みます。	Japanese people pick up the bowl when they drink soup.
木は熱を通しません。	Wood keeps the heat in the bowl.
持っても熱くありません。	The bowl is not hot when you hold it.
こちらは何層にも塗られているから高価なのです。	This one is expensive because it has many layers of lacquer.
安い物はうるしがすぐはげてしまいます。	The lacquer comes off easily if you get the cheap ones.
漆器はレンジには使えません。	Lacquerware can't be used in a microwave oven.
使ったあとは水分を拭き取りましょう。	Wipe off the moisture after usage.

⑯ 着物・帯・じんべい ⋯⋯⋯⋯ ◉ DISK 3　TRACK 5

※着物についての説明は「日本を紹介するトピックス」の章を参照。
※ゆかたについての表現は「空港からホテルまで」の章の「ゆかたについて」を参照。

着物

| 本物の着物を見たことがありますか。 | Have you seen a real *kimono*? |

本物の着物は絹からできています。	A real *kimono* is made of silk.
ここにある着物はポリエステル製です。	These *kimono*s are made of polyester.
洗濯機で洗えます。	You can wash them in a washing machine.
バスローブや寝巻きとして着られます。	You can wear them as a bathrobe or a nightgown.
左を上にして着ます。	You wear the left side over the right side.
わきの下のあき口は通気性をよくする働きがあります。	The underarm is open so that air will go through.
そこから汗を逃がします。	The opening gets rid of the perspiration.
また、そのあき口に手を通して着物を体に合わせます。	You adjust the *kimono* to your size by putting your hands through that hole.
着てみたらどうですか。	Why don't you try it on?
ぴったりですね。	It's just right.
丈が短かすぎますね。	It's too short.
こちらはどうですか。	Try this one.
着物がよく似合いますね。	You look good in *kimono*.

帯・帯締め

これは帯です。	This is an *obi* sash for a *kimono*.
これは帯締めです。	This is an *obi* cord.
シルク製です。	It's made of silk.

帯をテーブルセンターとして使ってみてはいかがでしょう。	How about using the *obi* as a table center?
ベッドカバーの上に広げて置けます。	You can also spread it across the bed.
帯の上に帯締めを置いて飾るときれいです。	The sash and the sash cord make a nice decoration.

じんべい

こちらは上下の2ピースの着物です。	This is a two-piece *kimono*.
下が半ズボンなので動きやすいです。	It's easy to move around in because the bottom is short-pants.
上はつけひもで結びます。	You tie the top with a string.
うちでくつろぐときに着るのにぴったりです。	It's good to wear when you want to relax at home.
素材は綿／麻です。	It's made of cotton/linen.

(17) 真珠 ···················· ◉ DISK 3 TRACK 6

日本の真珠は世界でも有名です。	Japanese pearls are world-famous.
最初の養殖真珠は日本で誕生しました。	The first cultured pearls were born in Japan.
1893年、御木本幸吉が真珠の養殖に初めて成功しました。	Kokichi Mikimoto succeeded in making the first cultured pearls in 1893.

真珠は優雅で品があります。	Pearls are elegant and refined.
着物を着るとき、普通はアクセサリーをつけません。	We don't usually wear any jewelry when we wear *kimono*.
ネックレスやブレスレットなどは絹を引っかけてしまうからです。	Necklaces and bracelets might hook and damage the silk.
真珠の耳飾りは例外です。	Pearl earrings are exceptions.
真珠と絹は相性がいいです。	Pearls match the silk *kimono*.
真珠はどのような服にも合います。	Pearls go well with any type of clothes.

(18) 食べ物：まんじゅう・せんべい

· DISK 3　TRACK 7

サンプルがでていますね。	There are food samples.
試食してみますか。	Would you like to try?
こちらは「まんじゅう」です。	This is *manjū*.
和菓子です。	*Manjū* are Japanese sweet cakes.
中に甘いあずきが入っています。	There are sweet *azuki* beans inside the sweet cakes.
これらはせんべいです。	These are *sembei* crackers.
それはしょうゆ味です。	That's a soy-sauce flavor.
こちらは砂糖がまぶしてあります。	This one is sugar-coated.
せんべいはおみやげにお勧めです。	*Sembei* crackers are a good souvenir.
ひとつひとつ袋に入っています。	They are individually packed.

| 日もちします。 | They'll keep for a while. |
| 賞味期限は 7 月 20 日です。 | It's best eaten by July twentieth. |

注）賞味期限は商品によって異なります。

| だいたい 1 ヶ月もちます。 | It'll keep for about a month. |

⑲ 電化製品を買う ·················· ◎ DISK 3　TRACK 8

秋葉原に行きましょう。	Let's go to Akihabara.
秋葉原は電化製品の街として知られています。	Akihabara is known as a town for electrical appliances.
旅行者のための免税店があります。	There are duty free shops for travelers.
海外モデルがあります。	They have export models.
カメラやオーディオ製品が豊富にあります。	There is a wide selection of cameras and audio appliances.
ディスカウントショップに行きましょう。	Let's go to a discount store.
電化製品が安く買えます。	You can buy electrical goods at a reasonable price.
あなたの国の電力はいくつですか。	What's your country's electricity system?
日本の電圧は 100V です。	The power supply in Japan is one-hundred volts.
国際保証書が入っています。	There is an international warranty inside.

国際保証書はありません。	There isn't an international warranty.
英語の説明書が入っています。	They have English instructions.
英語の説明書は入っていません。	They don't have English instructions.

20 買い物を終える ⸱⸱⸱⸱⸱⸱⸱⸱⸱⸱⸱⸱⸱⸱⸱⸱⸱⸱ ◎ DISK 3 TRACK 9

買い物を終える

見終わりましたか。	Are you done?
他に見たいものはありますか。	Do you want to look at anything else?
また戻って来られます。	We can come back again.

買い物の感想をたずねる

買い物は楽しかったですか。	Did you enjoy shopping?
今日はいい買い物ができましたね。	We did good shopping today.
いいおみやげが買えてよかったですね。	I'm happy that you got a nice souvenir.
また買い物に行きましょう。	Let's go shopping again.

Chapter 5

レストランに行く・食事を楽しむ
Going to Restaurants and Enjoying Meals

 1 食事に誘う …………………… ◎ DISK 3　TRACK 10

食事を提案する

おなかがすきましたか。	Are you hungry?
のどがかわきましたか。	Are you thirsty?
おなかがすいたでしょう。	You must be hungry.
何か食べましょう。	Let's have something to eat.
ランチにしましょう。	Let's have lunch.
お茶を飲みましょう。	Let's have a cup of coffee/tea.
ディナーを食べに行きましょう。	Let's go and have dinner.

食事に誘う

ランチ / ディナーにお連れします。	I'll take you to lunch/dinner.
すきやきレストランにお連れしたいです。	I'd like to take you to a *sukiyaki* restaurant.
ぜひ夕食に招待させてください。	Let me invite you to dinner.
いい和食レストランがあります。	There is a nice Japanese restaurant.
いいしゃぶしゃぶレストランを知っています。	I know a good *shabu-shabu* restaurant.

| 私がよく行く店に案内します。 | I'll take you to my favorite restaurant. |
| 私がごちそうします。 | It'll be my treat. |

軽食を提案する

軽く食べましょう。	Let's have something light.
ファーストフードショップでハンバーガーを食べましょう。	Let's get a hamburger at a fast food store.
コンビニでサンドウィッチを買いましょう。	Let's get a sandwich at a convenience store.
弁当を買いましょうか。	Do you want to try a Japanese-style box lunch?

何が食べたいかをたずねる

何が食べたいですか。	What would you like to eat?
好きな食べ物は何ですか。	What's your favorite food?
苦手な食べ物はありますか。	Is there anything you don't like to eat?
和食がいいですか。洋食がいいですか。	Which do you prefer, Japanese food or Western food?
すしを試してみますか。	Would you like to try *sushi*?
ステーキの方がいいですか。	Would you rather have steak?
やきとりはいかがですか。	How about Japanese-style grilled chicken?

何時ごろ食べましょうか。	What time shall we eat?
予約は何時に入れましょうか。	What time shall I make the reservation?
ランチ / ディナーの予約を入れておきました。	I've made a lunch/dinner reservation.
すきやきレストランに予約を入れておきました。	I made a reservation at a *sukiyaki* restaurant.
7時に予約をしておきました。	I've made the reservation for seven.
7時でよろしいですか。	Is seven okay with you?

② レストランが決まっていない場合

DISK 3   TRACK 11

外出先でレストランを選ぶ場合は以下のフレーズを使って、相手と一緒に入る店を決めましょう。

レストランを探す・選ぶ

この辺にたくさんのレストランがあります。	There are many restaurants around here.
このビルの中にレストランがあります。	There are restaurants in this building.
レストランフロアに行きましょう。	Let's go to the restaurant floor.
ドアの前のメニューを見てみましょう。	Let's check the menu by the door.
食事の見本があります。	There are plastic food models.

ここは和食レストラン / そば屋です。	This is a Japanese restaurant/Japanese noodle shop.
あちらにもっとレストランがあります。	There are more restaurants over there.
このレストランはどうですか。	How about this restaurant?
ここにしましょう。	Let's go in here.

待ち時間

人が並んでいますね。	There are people standing in line.
どれくらい待つのか訊いてきます。	I'll ask how long we have to wait.
15分ほど待ちます。	We have to wait about fifteen minutes.
待ちますか。	Do you want to wait?
待ちましょう。	Let's wait.
名前を言ってきます。	I'll put my name down.
どうぞ座って待ってください。	Please sit down.
名前を呼ばれました。行きましょう。	That's us. Let's go.

3 レストランに入ったら ········· ◉ DISK 3 TRACK 12

「いらっしゃいませ」・水とおしぼり

レストランに入ると「いらっしゃいませ」と歓迎されます。	At a restaurant, you will be greeted with *Irasshaimase*!

「いらっしゃいませ」は「よう こそ」という意味です。	*Irasshaimase* means "Welcome."
席についたら水とおしぼりが出 されます。	When you are seated, they will bring you water and a hand towel.

おしぼりについて

日本ではほとんどのレストラン でおしぼりが出されます。	In Japan almost all restaurants serve hand towels.
おしぼりをどうぞ。	Here is your hand towel.
湿り気があります。	It's moist.
手をふくときに使います。	We use it to wipe our hands.
食事の前に手をきれいにするた めのものです。	It's to clean your hands before the meal.
たたんでおしぼり台に戻します。	Fold it and put it on the towel tray.
袋に入った使い捨てのおしぼり を出す店もあります。	Some shops serve disposable towels in a clear bag.
口をぬぐうときは紙ナプキンを 使います。	We use paper napkins when we wipe our mouths.

4 洋食レストランに行く ········· ◉ DISK 3　TRACK 13

席に着く

喫煙席と禁煙席とではどちらが いいですか。	Smoking or non-smoking section?

好きな席に座ってください。	Please sit wherever you like.
窓際がいいですか。	Do you want to sit by the window?
景色が見えますよ。	You can see the nice view.
荷物はここに置けます。	You can put your things here.

5 洋食メニューの説明・注文 …… ◎ DISK 3 TRACK 14

メニューの説明

メニューをどうぞ。	Here is your menu.
セットメニューがあります。	They have a set meal.
昼食メニューがあります。	They have a lunch-time special.
本日のお勧め料理があります。	They have a daily special.
ライスまたはパン、それからサラダ、飲み物がついてきます。	It comes with rice or bread, salad, and a drink.
一品ずつ頼めます。	You can order a la carte.

飲み物を選ぶ

飲み物がついてきます。	It comes with a drink.
飲み物は何がいいですか。	What would you like to drink?
コーヒーと紅茶から選べます。	You can choose coffee or tea.
ホットにしますか。アイスコーヒーにしますか。	Hot coffee or iced coffee?

ミルクティーとレモンティーとではどちらがいいですか。	Tea with cream or tea with lemon?
あたたかい紅茶にしますか。アイスティーにしますか。	Hot tea or iced tea?
飲み物はいつ持ってきてもらいますか。	When would you like to have your drink?
食前と食後とどちらがいいですか。	Before or after the meal?
アルコール類はこのメニューです。	This is a menu for alcoholic beverages.
ビール、ワイン、カクテルがあります。	They have beer, wine, and cocktails.
ソフトドリンクもあります。	They also have soft drinks.

ライス・パン・スープ・サラダ

ライスかパンがついてきます。	It comes with rice or bread.
ライスとパンとではどちらがいいですか。	Rice or bread?
ライスかパンを別に頼みますか。	Would you like to have a side order of rice or bread?
サラダがついてきます。	It comes with a salad.
スープとサラダとではどちらがいいですか。	Soup or salad?

メインディッシュ

| 肉料理はここにあります。（メニューを指しながら） | These are the meat dishes. |

チキン、豚肉、牛肉料理があります。	They have chicken, pork, and beef.
ここが魚料理です。	These are the fish dishes.
白身の魚のグリルがあります。	They have grilled white-meat fish.
それはシーフード料理です。	That's seafood.

デザート

デザートもついてきます。	Dessert is included.
デザートはいかがですか。	How about dessert?
ケーキがあります。	They have cake.
ケーキのサンプルを持ってきてくれます。	They'll show you their assorted cakes.
その中から選べます。	You can choose.

注文する

好きなものを頼んでください。	Please order whatever you like.
両方頼んで分けましょう。	Let's order two dishes and share them.
サイドディッシュはいかがですか。	Any side dishes?
このセットメニューにしましょう。	Let's order this set meal.
決まりましたか。	Have you decided?
注文しましょう。	Let's order.

6 和食レストランに行く ········· ◉ DISK 3 TRACK 15

のれんについて

多くの日本料理屋の入り口には
短いカーテンがかかっています。

Many Japanese restaurants have
a short-curtain by the entrance.

「のれん」と言います。

It's called "*noren.*"

店の名前と屋号が記されています。

The name and crest of the
shop is printed on it.

のれんが出ているときは営業中
です。

The shop is open when the
curtain is out.

のれんが出ていないとき店は閉
まっています。

The shop is closed when the
curtain is not out.

和食レストランに入る

引き戸です。

There are sliding doors.

足元に気をつけて。

Watch your step.

先にどうぞ。（ドアを開けて相
手のあとに自分が続く）

After you.

店の雰囲気

ここは伝統的な日本料理屋です。

This is a traditional Japanese
restaurant.

あそこに活けてある花を見てく
ださい。

Look at the flower
arrangement over there.

きれいですね。

Isn't it beautiful?

彼女が席に案内してくれます。	She will take us to our seats.
着物を着ている女性がいるでしょう。	Do you see the women in *kimono*?
「仲居さん」と呼ばれています。	They are called "*nakai-san*."
食事を出してくれる人です。	They'll serve us the meal.

座敷とテーブル席とではどちらがいいですか。	Which would you like, a Japanese-style room or the regular room with table and chairs?
座敷を予約しておきました。	I made a reservation for a Japanese-style room.
カウンター席です。	We'll sit at the counter.
テーブル席です。	We'll have the table seat.

※和室に通すときの表現は「日本を紹介するトピックス」の章の「日本家屋・和室について：和室に通す」の欄を参照。

プライベートな座敷です。	It's a private Japanese-style room.
ここで靴を脱ぎます。	We take off our shoes here.
奥に座ってください。	Please take the inside seat.
テーブルの下で足を伸ばせます。（ほりごたつの場合）	You can stretch your legs under the table.

7 和食について ･･･････････････････････ ◎ DISK 3　TRACK 16

①日本料理の食材や料理法を訳すのは難しいものです。また、英訳しても伝わらないということもよくあります。例えば「こんにゃく」。辞書には "devil's tongue jelly" と書いてある場合がありますが、外国人にはピンときません。"devil's tongue" は直訳すると「悪魔の舌」という意味で、逆に気味悪い印象を与えてしまいます。この場合、"That's *konnyaku*. It's made from *konnyaku* potato. (それはこんにゃくです。こんにゃくいもからできています)" のように和名を言い、「いも」という原材料に焦点を当てて説明するとイメージが伝わりやすいです。料理法、メニューの内容、料理を出す順番などはレストランによって違いがあるでしょうが、ここにある基本的な表現を参考に会話をすすめていってください。

②素材の基本的な言い方は "It's / That's (Those are) / This is (These are) ＋素材の名前." です（かっこ内は複数の場合）。

　　例：It's salmon roe. 「いくらです」

　　　　Those are pickles. 「それらは漬け物です」

　　　　This is a dipping sauce. 「これはつゆです」

和食の構成

基本的な和食の構成はごはん、みそ汁、漬け物とおかずです。	The basic Japanese meal consists of rice, *miso* soup, pickles, and *okazu*.
「おかず」はメインディッシュと添え物のことです。	*Okazu* are the main dish and side dishes.
魚または肉、それから野菜がでてきます。	There is a fish or meat dish, and vegetables.

3 5 レストランに行く・食事を楽しむ

277

例えば、定食屋にはセットメニューがあります。

For example, there are set meals at Japanese diners.

セットメニューは「定食」と呼ばれています。

The set meals are called *"teishoku."*

人気のある定食は焼き魚、しょうが焼き、からあげ定食です。

The popular set meals are grilled fish, grilled pork with ginger, and fried chicken.

和食を食べるときの基本マナー

和食を食べるときの基本的なマナーを説明しましょう。

Let me explain the basic manners of eating Japanese food.

西洋料理の食べ方と大きな違いがひとつあります。

There is one thing that's different from eating Western food.

茶碗と汁椀は持ち上げて食べます。

It's all right to pick up the rice and soup bowls when we eat.

汁椀に直接口をつけてスープを飲みます。

We drink the soup directly from the soup bowl.

そうすると汁がたれません。

This way the soup doesn't drip.

ごはんと汁物とおかずをバランスよく食べます。

You eat rice, soup and *okazu* in turns.

はしについて

基本的に食べるときに使うのははしだけです。	We basically use only chopsticks to eat food.
はしを使ってごはん、汁物、野菜、魚や肉料理を食べます。	We use them to eat rice, soup, vegetables, fish and meat dishes.
おかゆのように汁気の多いものはスプーンを使って食べます。	We use a spoon for soupy dishes like Japanese rice gruel.
"Chopsticks"は日本語で「はし」と言います。	Chopsticks are called *"hashi"* in Japanese.
和食では最初から最後の料理まで同じはしを使います。	To eat Japanese food, we use the same *hashi* from the beginning to the end.
洋食と違って複数のフォークやスプーンを使い分けません。	We don't use different forks and spoons as in Western food.

はしの持ち方を説明する

はしを使ったことはありますか。	Have you used chopsticks before?
はしの使い方を教えましょう。	I'll teach you how to use chopsticks.
二本のはしを持ち上げます。	<u>Pick up</u> the two chopsticks.
真ん中より少し上を持ちます。	<u>Hold</u> them a little above the middle.

3
5

レストランに行く・食事を楽しむ

279

ペンを持つように持ってください。	Hold them like you would hold a pen.
二本のはしの間に中指を入れます。	Put your middle finger between the two chopsticks.
下のはしを薬指で支えます。	Support the lower chopstick with your ring finger.
中指で下のはしを押して固定します。	Stabilize the lower chopstick by pressing down with your middle finger.
上のはしは親指と人差し指ではさみます。	Hold the upper chopstick with your thumb and index finger.
やってみてください。	Please try.
そうです。	That's right.
よくできました。	You're very good.

はしの使い方を説明する

先がとがっているほうで食べ物をはさみます。	We pick up food with the pointed end.
食べ物をはさむときは上のはしだけを動かします。	You only move the upper chopstick when you eat.
下のはしは動かしません。	We don't move the lower chopstick.
はしで食べ物を突き刺すのは行儀が悪いです。	Poking the food with chopsticks is considered bad manners.
はしの使い方が上手ですね。	You're very good at using chopsticks.

はしの使い方をどこで覚えたのですか。	Where did you learn to use chopsticks?
これははし置きです。	This is a chopstick pillow.
はしの先を置きます。	Put the tip of the chopsticks on the chopstick pillow.

割りばしについて・はし置きを作る

これらは使い捨てのはしです。	These are disposable chopsticks.
「割りばし」と呼ばれています。	They are called "*waribashi*."
まず、はし袋から割りばしを出します。	First, take out the *waribashi* from the wrapper.
はしはくっついています。	They are joined together.
横にしてはしを割ります。	You hold them sideways and pull them apart.
ここにははし置きがありませんね。	There are no chopsticks pillows here.
はし袋をたたんではし置きにできます。	You can fold the wrapper to put your chopsticks on.

⑨ 食事のときに使う日本語のあいさつを教える

・・・・・・・・・・・・・・・・・・・・・・・・・ ◎ DISK 3　TRACK 18

| 食事のときに使う表現を教えましょう。 | I'll teach you some phrases we use at mealtime. |
| 食事の前に「いただきます」と言います。 | We say, "*Itadakimasu*" before we eat. |

「さあ、食べましょう」という意味です。	It means, "Let's begin."
食事が終わったら「ごちそうさま」と言います。	When we finish the meal, we say, "*Gochisōsama*."
「ごちそうさま」は「おいしくいただきました」という意味です。	"*Gochisōsama*" means "I'm done. It was delicious."

10 すきやきレストランに行く ······ ◎ DISK 3 TRACK 19

すきやきについて

すきやきは有名な日本料理のひとつです。	*Sukiyaki* is one of the most famous Japanese dishes.
牛肉を日本流に調理した料理です。	It's cooking beef Japanese style.
牛肉と野菜を鉄の平なべで焼きます。	We cook the beef and vegetables in a flat iron pot.
材料をすきやきのたれで煮ます。	We cook the ingredients in the *sukiyaki* sauce.
といた生卵につけて食べます。	We dip the ingredients in a beaten raw egg and eat them.

メニュー

特選すきやきコースがあります。	They have a special *sukiyaki* course.
このすきやきコースを頼みましょう。	Let's order this *sukiyaki* course.

このコースはしもふり肉を出します。	This course serves marbled beef.
ロース肉が出てきます。	They serve the best part of the beef for pan-frying.
ごはん、みそ汁、漬け物がついてきます。	It comes with rice, *miso* soup, and pickles.

牛肉の種類

松坂牛 / 神戸牛です。	It's Matsuzaka/Kobe beef.
高級和牛のひとつです	It's one of the best beef in Japan.

自分たちで料理する

鉄の平なべと材料が出てきます。	They'll bring you a flat iron pot and the ingredients.
自分たちで料理しながら食べます。	We'll cook the food ourselves.
ひとつのなべを囲んで食べるのは楽しいです。	It's fun to cook and eat together from one pot.

材料が個別のなべで出てくる

ひとつひとつ別のなべで出てきます。	It comes in an individual pot.
火の通った材料がなべに入って出てきます。	It comes in a pot with the cooked ingredients.

調理法の種類

すきやきには2種類の調理法があります。	*Sukiyaki* has two cooking styles.

関東風と関西風です。	There is Kantō-style and Kansai-style.
関東は東の地域です。	Kantō is the Eastern region.
関西は西の地域です。	Kansai is the Western region.
関東では材料に割り下を注いで食べます。	In Kantō, you pour the sauce and cook the ingredients as you eat.
関西では肉を先に焼いて、砂糖、酒、しょうゆを別々に加えます。	In Kansai, you fry the beef first, then add sugar, *sake*, and soy sauce separately.
今日は関東風 / 関西風で食べます。	Today, we're going to try Kanto-/Kansai-style.

すきやきのたれ：割り下について

すきやきのたれは「割り下」と言います。	*Sukiyaki* sauce is called "*warishita.*"
割り下はしょうゆベースの甘いたれです。	*Warishita* is a soy-sauce based sweet sauce.
たれには砂糖、酒、みりん、しょうゆが入っています。	The sauce contains sugar, *sake, mirin,* and soy sauce. ※調味料の説明については「自宅に迎える」の「食事について：調味料について」の欄を参照。

材料について

まず、牛肉があります。	First, there is beef.
これらは春菊 / 長ねぎです。	These are chrysanthemum leaves/long onions.
こちらはしいたけです。	These are *shiitake* mushrooms.

これはとうふです。	This is *tofu*.
とうふを食べたことはありますか。	Have you tried *tofu* before?
とうふは大豆からできています。	*Tofu* is made from soy beans.
これはしらたきです。	This is *shirataki*.
しらたきはこんにゃく粉からできています。	*Shirataki* is made from *konnyaku*-potato starch.
しらたき自体の味は淡白です。	*Shirataki* itself doesn't have much taste.

すきやきを食べる

なべが熱くなってきました。	The pot is heated.
なべに油を引きましょう。	Let's put in the lard.
はじめに肉を焼きます。	We fry the beef first.
割り下を注いでください。	Pour in the *warishita* sauce.
野菜、とうふ、しらたきを入れます。	Then we put in the vegetables, *tofu*, and *shirataki*.
材料が煮えるまで待ちます。	Wait until the ingredients are cooked.
小さい椀に卵を割ります。	Crack the egg in the little bowl.
卵をかき混ぜます。	Beat the eggs.
肉は焼きすぎないようにするのがコツです。	It's important not to overcook the beef.
肉は煮込みすぎると固くなります。	The beef gets hard if you overcook it.

野菜が焦げないように。	Be careful not to burn the vegetables.
材料に火が通ってきました。	I think they're cooked.
お取りしましょう。	Let me serve you.
卵皿をください。	Pass me your egg bowl.
卵にくぐらせて食べます。	You dip the food in the egg.
卵は味をまろやかにします。	The egg makes the taste mild.
のどごしもなめらかになります。	It makes it easier to swallow.
卵は舌をやけどしないように材料を冷まします。	It also cools the food so it won't burn your tongue.
汁がたれないように卵皿を持ち上げて食べてもいいのですよ。	It's okay to pick up the egg bowl when you eat, so you won't drip.

すきやきを食べるときの表現

肉がやわらかくておいしいですね!	The beef is soft and tender.
口の中でとろけそうです。	It melts in your mouth.
割り下の味がいいです。	The sauce is very tasty.
肉をもっと食べてください。	Help yourself to more beef.

 11 しゃぶしゃぶレストランに行く
······················· ◎ DISK 3 TRACK 20

しゃぶしゃぶについて

| しゃぶしゃぶは牛肉料理です。 | *Shabu-shabu* is a beef dish. |

薄切りの牛肉と野菜が出てきます。

It comes with thinly sliced beef and vegetables.

牛肉と野菜を湯に通します。

You briefly cook the beef and vegetables in boiling water.

たれにつけて食べます。

There is a dip sauce you eat it with.

メニューについて

このしゃぶしゃぶコースを頼みましょう。

Let's order this *shabu-shabu* course.

最後にきしめんが出てきます。

Flat noodles will be served at the end to finish up the meal.

スープが煮立つまで・あく取りについて

自分たちのテーブルで料理します。

Shabu-shabu is cooked at your own table.

しゃぶしゃぶ鍋を持ってきてくれます。

They'll bring you a special *shabu-shabu* pot.

スープが沸騰するまで待ちましょう。

Let's wait until the broth starts boiling.

これはあく取り用のおたまです。

This is a ladle to take out the scum.

この器にあくをいれます。

You put the scum into this bowl.

ごまだれ・ポン酢について

ここに2種類のたれがあります。

There are two sauces here.

いずれかのたれに材料をつけて食べます。	We dip the ingredients in one of the sauces.
ひとつはまろやかなごまだれです。	One is a mild sesame-based sauce.
もうひとつは酢の風味がするポン酢です。	The other is a vinegary *ponzu* sauce.
どちらのたれで食べてもいいです。	You can dip it into whichever sauce you like.

薬味について

これらは薬味です。	These are spices.
ポン酢に入れます。	You put them in the *ponzu* sauce.
こちらはあさつきです。	These are chives.
これはもみじおろしです。	This is grated Japanese radish with red pepper.
少しピリッとします。	It's a little spicy.

材料について

※牛肉、しいたけ、長ねぎ、春菊については「すきやき」の欄を参照。

| 肉と野菜がきました。 | Here come the beef and vegetables. |
| こちらは白菜 / 焼きどうふです。 | These are Chinese cabbages/fried *tofu*. |

しゃぶしゃぶを食べる

| もういいころです。 | I think it's ready. |

では始めましょう。	Let's begin.
はしで牛肉を一切れつまみます。	Take a slice of beef with your chopsticks.
さっと湯にくぐらせます。	Dip it briefly into the boiling water.
好きなたれにつけて食べます。	Dip it into whichever sauce you like.
やわらかくておいしいでしょう？	Isn't it tender and mild?
野菜も入れましょう。	Let's put in the vegetables.
とうふに火が通っています。	I think the *tofu* is cooked.
野菜もどうぞ。	Take the vegetables.
あくを取りましょう。	Let me scoop out the scum.
スープがクリアになりました。	The soup is now clear.
最後にきしめんを食べます。	We eat the *kishimen* noodles at the end.
きしめんの器に残ったスープを入れます。	We pour the remaining soup into the noodle bowl.
味が薄かったら塩を入れてください。	Add a little salt if it's too bland.

⑫ すし屋に行く ················· ◎ DISK 3　TRACK 21

すし屋に誘う

すし屋にお連れします。	I'll take you to a *sushi* restaurant.

3
5
レストランに行く・食事を楽しむ

すしは日本人に人気のある食べ物です。	*Sushi* is a favorite food of Japanese people.
酢めしの上にさしみを乗せて食べます。	You eat raw fish on top of vinegared rice.
ネタはさしみだけではありません。	There are other toppings other than fish.
卵やかっぱ巻きもあります。	There are eggs and rolled *sushi* with cucumbers.
さしみを食べたことはありますか。	Have you ever eaten raw fish?
想像するほど生臭くありませんよ。	It's not that raw and smelly as you might think.

カウンターに座る・ガラスケースを見る

カウンターに座ります。	We'll sit by the counter.
職人が目の前ですしを握ってくれます。	You can watch the chef make *sushi* in front of you.
ガラスケースを見てください。	Look at the glass case.
これらがネタです。	These are the toppings.
トッピングのことを「ネタ」と言います。	The toppings are called "*neta*."
ネタは新鮮さが命です。	The freshness of the *neta* is essential in making good *sushi*.

好きなネタを注文する

さあ、注文しましょう。	Now, let's order.
一品ずつ注文できます。	We can order a la carte.

すしはたいてい2個ずつきます。 *Sushi* usually comes in pairs.

まぐろから始めましょう。 Let's start from red tuna meat.

セットを頼む

セットで注文しましょう。 Let's order a set meal.

数種のすしと巻きずしが出され It comes with several different
ます。 kinds of *sushi* and rolled *sushi*.

わさびについて

ネタと酢めしの間にわさびが入 There is *wasabi* between the
っています。 topping and rice.

わさびは日本のからしです。 *Wasabi* is Japanese horseradish.

緑色です。 It's green.

少しピリッとします。 It's a little bit spicy.

食べられなかったら言ってくだ Tell me if you don't like it.
さい。

わさび抜きで握ってもらいます。 I'll tell the chef not to put it in.

すしの食べ方・しょうゆにつける

きました。 Here it comes.

職人が木の皿の上にすしを乗せ He'll put the *sushi* on top of
てくれます。 the wooden tray.

これはしょうゆ皿です。 This is the soy sauce plate.

しょうゆを少し入れます。 Pour some soy sauce.

すしにしょうゆをつけます。 You dip the *sushi* in it.

ごはん側にしょうゆをつけないように。	Be sure you don't dip the side of the rice.
ごはんが崩れてしまいます。	Otherwise the rice will crumble.
ネタの方につけましょう。	Always dip the side of the topping.
手で食べることもできます。	You can eat it with your hands.
手はおしぼりで拭いてください。	There is a hand towel to wipe your hands with.

がりについて

これはがりです。	This is *gari*.
しょうがの甘酢づけです。	It is sweet vinegared ginger.
すしとすしの間に食べて口の中をさっぱりさせます。	It's eaten between *sushi* to refresh your mouth.

ねたの説明・注文

とろを頼みましょう。	Now let's order *toro*.
とろはまぐろのいい部分です。	It's the best part of the tuna.
これはいか / たこです。	This is squid/octopus.
それはほたて / あわびです。	That's scallop/abalone.
それはたまごです。	That's sweetened egg.
えびを頼みましょう。	Let's order shrimp.
私はあなごを頼みます。	I'll order conger eel.
しょうゆベースの甘いたれで味付けされています。	It has a sweet soy sauce flavor.

いくら / うにを試してみましょうか。	Do you want to try salmon roe/sea urchin?
すしのかたちが違うでしょう。	The shape of the *sushi* is different.
ごはんをのりで巻いてあります。	The rice is wrapped with the seaweed.
ネタが落ちないようにかたちが違います。	It's this shape so the topping won't fall off.
これは「軍艦巻き」と呼ばれています。	It's called "*gunkan-maki*."
「軍艦」は "battleship" という意味です。	"*Gunkan*" means "battleship."
かっぱ巻きでしめましょう。	Let's finish with *kappa-maki*.
かっぱ巻きとはきゅうりののり巻きです。	It's a rolled *sushi* with cucumber.

緑茶について

これは緑茶です。	This is green tea.
お茶をもっといかがですか。	Have some more green tea.

ねたの味について

やわらかいです。	It's tender.
歯ごたえがあります。	It's chewy.
油がのっています。	It's very rich.
甘味があります。	It has a sweet taste.

⑬ 回転ずし屋に行く .... ◎ DISK 3　TRACK 22

※すしを食べる表現は「すし屋に行く」を参照。

回転ずし屋に行きましょう。	Let's go to a *kaiten zushi* restaurant.
「回転」は "rotate" という意味です。	"*Kaiten*" means "to rotate."
小さいすし皿がテーブルを回転するベルトコンベアーに乗ってでてきます。	Small *sushi* plates go around the table on a belt conveyer.
皿は値段によって色分けされています。	The plates are color-coded according to the prices.
好きなすしを選べます。	You can pick whatever *sushi* you like.
回転ずしは普通のすし屋よりも値段が安いので人気があります。	*Kaiten zushi* is popular because it's cheaper than regular *sushi* restaurants.

⑭ 会席料理を食べに行く .... ◎ DISK 3　TRACK 23

会席料理に誘う

伝統的な日本料理を食べに行きましょう。	Let's go and have traditional Japanese cuisine.
「会席料理」と呼ばれています。	It's called "*kaiseki ryōri*."
会席のコース料理を注文しました。	I've ordered a *kaiseki* course.

いろいろな料理がでてきます。	It comes with a variety of dishes.
前菜、さしみ、焼き魚、煮物、てんぷら、それからごはんとみそ汁です。	It comes with an appetizer, *sashimi*, grilled fish, cooked vegetables, *tempura*, rice, and *miso* soup.
旬の食べ物を楽しみます。	We enjoy the food in season.
料理に季節感がでています。	The food is arranged in a way to represent the season.
たんぱくな味付けです。	The food is mild-tasting.
香辛料や調味料はひかえめです。	Not many spices or seasonings are added to the food.
素材そのものの味を楽しみます。	We can enjoy the true flavor of each food.
料理は少しずつ出てきます。	Each food comes in a small portion.
和食は見た目にも美しいです。	Japanese food has great eye-appeal.
器も料理と合うように選びます。	The dishes are carefully chosen to match the food.
やきもの、漆器、ガラスの器などに盛り付けられます。	They come in china dishes, lacquerware, and glass bowls.
味だけでなく、器や盛り付けを鑑賞しながら食べます。	You not only enjoy the food, but also the total representation of it.

料理は一品ずつでてきます。	The dishes are served one by one.
様々な料理が一度に並べられます。	All the dishes will be served at the same time.

各自、膳があります。	We all have our own tray.
お通しがきました。	Now, here comes the appetizer.
山の幸と海の幸が少しずつ盛られています。	There is a little bit of mountain vegetables and seafood.

吸い物がきました。	Now we have clear soup.
ふたをあけて膳の外に置きます。	We open the cover and put it outside the tray.
ふたは逆さにして置きます。	You put the lid down face up.
ふたがあかないときは、椀の両ふちをはさみます。	If you can't take off the lid, press both edges of the bowl.
そうすると簡単にあきます。	It'll open easily.
だしはうす味です。	The soup broth is very mild.
それはゆずの皮です。	That's a *yuzu* peel.
柑橘系のくだものです。	It's a Chinese lemon.
香りを楽しみます。	You can enjoy the fine fragrance.

刺し身

これは刺し身です。	This is a *sashimi* dish.
白身と赤身魚の盛り合わせです。	It has a selection of raw white fish and red tuna meat.
これがしょうゆ皿です。	This is a soy sauce plate.
しょうゆを少し入れます。	Pour some soy sauce.
わさびとしょうゆを混ぜます。	Mix the *wasabi* horseradish with soy sauce.
これは刺し身に添えられる「つま」です。	This is *tsuma* that comes with the *sashimi*.
刺し身と一緒に、またはふたつの刺し身の合間に食べます。	You eat it with the *sashimi* or between the *sashimi*.
それは大根としその葉です。	That is a *daikon* radish and a *shiso* leaf.

焼き物

次は焼き魚です。	Grilled fish is next.
左から右に食べます。	We eat it from left to right.
これは根しょうがです。	This is ginger.
根をかみます。	You bite the root.
終わったあとで食べ、口の中をさっぱりさせます。	You eat it at the end of the meal to refresh your mouth.

煮物

これらは野菜を煮たものです。	These are cooked vegetables.

あっさりとしただし汁で煮てあります。	They are cooked in a light broth.
にんじん、しいたけ、たけのこ、こうや豆腐が入っています。	There are carrots, *shiitake* mushrooms, bamboo shoots, and soft *tofu*.

天ぷら

これは天ぷら料理です。	This is a *tempura* dish.
天ぷらは揚げ物です。	*Tempura* is a deep-fried dish.
熱いうちに食べましょう。	Let's eat while it's hot.
これがつゆです。	This is the dipping sauce.
大根おろしとおろししょうがを混ぜます。	You mix the grated radish and ginger in here.
天ぷらをくぐらせて食べます。	You dip the *tempura* in this sauce and then eat it.
これはえび / いかの天ぷらです。	This is shrimp/squid *tempura*.
それはししとう / なすです。	That's a green pepper/an egg plant.
表面がサクサクしています。	The batter on the outside is very crispy.
えびがジューシーです。	The shrimp is very juicy.
衣があるのでうまみが逃げません。	The batter keeps the juiciness inside.

茶碗蒸し

これは茶碗蒸しです。	This is steamed egg custard.

熱いです。	It's hot.
ふたをあけるときは気をつけてください。	Be careful when you take off the lid.
小さいスプーンで食べます。	You eat the custard with the little spoon.
これはとり肉、かまぼこ、ぎんなんです。	This is chicken, fish cake, and a ginkgo nut.
終わったらふたを閉じます。	You close the lid when you're done.

ごはん・とめ椀・香の物

※ごはんとみそ汁についての表現は「自宅に迎える」の章の「食卓を囲む：ごはんとみそ汁」を参照。

ごはんとみそ汁がでてきます。	Rice and *miso* soup will be served now.
汁椀とごはんのふたをあけます。	Open the lid of the soup and the rice bowl.
こちらは漬け物です。	These are Japanese pickles.
大根ときゅうりの漬け物です。	Those are *daikon* radishes and cucumber pickles.
漬け物はごはんと一緒に食べます。	Eat the pickles with rice.

デザート・果物

デザートがあります。	There is dessert.
いちご / メロンがでてきましたね。	We have strawberries/melon.
季節のくだものです。	It's a seasonal fruit.

| これは抹茶のアイスクリームです。 | This is *matcha* ice cream. |
| 抹茶は粉末の緑茶です。 | *Matcha* is powdered green tea. |

15 焼き鳥屋に行く ·················· ◎ DISK 3　TRACK 24

焼き鳥について

焼き鳥屋にお連れします。	I'll take you to a *yakitori* restaurant.
焼き鳥は和風のグリルチキンです。	*Yakitori* is Japanese-style grilled chicken.
とり肉を串にさして焼きます。	The chicken is cooked on skewers.
とり肉はしょうゆベースのたれにつけて焼きます。	The chicken is dipped into the soy-sauce based sweet sauce.
塩味のものもあります。	Some are cooked only with salt.
炭火の上で焼きます。	They are cooked over charcoal.

焼き鳥屋に行く

あそこが私たちの行くレストランです。	That's the restaurant we're going to.
大きな赤いちょうちんが目印です。	There is a big red lantern hanging by the door.
外までにおいが漂ってきます。	You can smell the food from the outside.

焼き鳥屋に入る

カウンターに座りましょう。	Let's sit by the counter.
串に刺してあるとり肉を見てください。	Look at all the chicken on skewers.
鶏のいろいろな部分です。	They are all different parts of the chicken.

注文する・材料について

注文しましょう。	Let's order.
壁を見てください。	Take a look at the wall.
細長い紙がメニューです。	The strips of paper are the menu.
料理と一緒に日本酒はいかがですか。	Do you want *sake* to go with the meal? ※酒についての表現は《酒をすすめる》を参照。
定番のもも肉から始めましょう。	Let's start from the standard chicken thighs.
たれの味はいかがですか。	How's the sauce?
とても繊細な味です。	It is very mild and delicate.
あれはとり肉と長ねぎです。	That's chicken with long onions.
こちらは手羽先です。	These are chicken wings.
これはとり皮です。	This is chicken skin.
つくね / レバーを頼みましょう。	Let's try chicken balls/liver.
あちらはぎんなんです。	Those are ginkgo nuts.

あれはすなぎもです。	That's the stomach of the chicken.
これは塩味です。	It's cooked only with salt.
歯ごたえがあります。	It's chewy.
それはささみです。	That's white chicken meat.
それはしそ巻きです。	That's chicken with *shiso* leaves.
少しすっぱい梅風味です。	It has a little sour pickled plum flavor.

食べ方・香辛料:一味・七味・山椒について

とり肉はそのまま串から食べます。	You just bite on the chicken.
下の方のとり肉ははしで串から押し出せます。	Pull off the bottom chicken with your chopsticks.
これらは香辛料です。	These are hot spices.
「一味」と「七味」です。	One is *ichimi* and the other is *shichimi*.
「七味」は数種の香辛料のブレンドです。	*Shichimi* is a blend of different spices.
それは山椒です。	That's *sansho* spice.
好みでとり肉に少しつけます。	You can put them on the chicken if you like.

そば・うどんについて

日本人はめん類をよく食べます。	Japanese people enjoy eating noodles.
特にスープに入っためんが好きです。	People especially like soup noodles.
日本のめん類で人気があるのは「そば」と「うどん」です。	*Soba* and *udon* are popular Japanese noodle dishes.
そばはそば粉と小麦粉からできている細いめんです。	*Soba* are thin noodles made from buckwheat and white wheat flour.
そばは茶色のめんです。	The *soba* noodles have a brown color.
うどんは小麦粉からできた太いめんです。	*Udon* are fat noodles made from wheat flour.

そば・うどん屋に入る

これは日本そば屋です。	This is a Japanese noodle shop.
手打ちそばです。	The noodles are hand-kneaded.
めんには2種類の食べ方があります。	There are two ways to eat the noodles.
ひとつは温かいスープに入れて食べる方法です。	One is in a hot soup.
どんぶりに入ってでてきます。	The noodles come in a big soup bowl.

つゆはしょうゆベースです。	The broth has a soy-sauce base.
もうひとつは冷たくして食べる方法です。	The other is served cold.
冷たいそばは、すのこに盛られています。	The cold noodles are served on a bamboo screen.
たれは別の小鉢に入ってでてきます。	The dipping sauce comes separately in a small bowl.

メニューについて

ここにメニューがあります。 （テーブルにあるメニューを指す）	There is a little menu right here.
そばとうどん、どちらを食べますか。	Which do you want to try, *soba* or *udon*?
冷たいそばを試してみますか。	Do you want to try the cold *soba*?
定番のざる / もりそばを頼みましょう。	Let's try the standard *zaru/mori soba*.
汁そばを試しましょう。	Let's try the soup noodles.
きつねそばは油揚げが入っています。	*Kitsune soba* comes with a thin square fried *tofu*.
たぬきそばは天ぷらの揚げかすが入っています。	*Tanuki soba* comes with *tempura* crumbs.
あれは天ぷらそばです。 （食事の見本を指して説明する場合）	The one over there is *tempura soba*.
えびや野菜の天ぷらがそばの上にのっています。	It comes with shrimp and the vegetable fries on top of the *soba*.
カレーうどんがあります。	There is curry *udon*.

どんぶりもの

このそば屋にはどんぶりものもあります。	This noodle shop also has rice dishes.
天ぷらがごはんの上にのっている「天丼」があります。	There is *tendon*, which has *tempura* on top of rice.
カツ丼もあります。	There is a bowl of rice with pork cutlet and eggs.
これは親子どんぶりです。	This is a chicken-and-egg rice dish.

冷たいそば

そばがきました。	Here comes the *soba*.
上にのっているのはきざみのりです。	That's chopped *nori* seaweed on the top.
これがつゆです。	This is the dipping sauce.
きざみねぎをつゆに入れます。	You add the chopped long onions to the sauce.
そばを一口ずつつゆにくぐらせて食べます。	You dip a mouthful of *soba* into the sauce and eat it.
これはそば湯です。	This is a warm *soba* broth.
残りのつゆに入れて飲みます。	You pour it in the remaining dipping sauce and drink it.

つるつると音をたてて食べてもいいです。	It's okay to slurp the noodles.
行儀が悪いということはありません。	It's not considered bad manners.
日本流のめん類の食べ方です。	It's the Japanese-style of eating noodles.

17 酒をすすめる ····················· ◎ DISK 3　TRACK 26

酒をすすめる・接待について

あなたは酒を飲みますか。	Do you drink?
日本酒を飲んでみませんか。	Would you like to try *sake*?
酒を一緒に飲むことは日本流の親睦の図り方です。	Drinking *sake* is a way of socializing in Japan.
歓迎の心を表すもてなしの一環です。	It's part of the hospitality and the entertaining of guests.
例えば、仕事では「接待」という習慣があります。	For example, there is a custom called "*settai*" in business.
クライアントや仕事関係者をもてなすことです。	You entertain the clients and business partners.
友好関係を築く方法です。	It's a way to form a good relationship.
酒を酌み交わすことで堅苦しい雰囲気をなごませます。	Pouring each other's *sake* and drinking together helps break the ice.

酒について

酒は米からできた日本のワインです。	*Sake* is Japanese rice wine.
アルコール濃度は 14 ％前後です。	The alcohol content is about fourteen percent.
冷やしても温めても飲めます。	You can drink it cold or warm.
今日は冷酒を飲みます。	Today we'll drink cold *sake*.

酒を飲む・酌をする

これはとっくりです。	This is a *sake* bottle.
お酌しましょう。	Let me pour you *sake*.
おちょこを持ってください。	Please pick up your *sake* cup.
両手でしっかりと持ってください。	You hold it steady with both hands.
日本では互いの杯に酒を注ぎあいます。	In Japan, we pour each other's drink.
どうぞ。	Here you go.
もう一杯どうぞ。	Let me pour you another drink.

酒の味について

これはいい酒です。	This is a good *sake*.
新潟産です。	It's from Niigata prefecture.
この酒は甘口です。	This sake has a sweet taste.
この酒は辛口です。	This sake is dry.

すっきりしています。	It's refreshing.
まろやかです。	It's mild.
飲みやすいです。	It's easy to drink.
飲みすぎに注意しましょう。	We'd better not drink too much.

18 食事をすすめるときの表現

DISK 3　TRACK 27

「これを食べてみますか」

これを食べてみますか。	Do you want to try this?
おいしいですよ。	It's delicious.
何か他のものを頼みますか。	Would you like to order something else?

おかわりをすすめる

どんどん召し上がってください。	Please help yourself.
お水をもらいましょうか。	Shall I get water for you?
コーヒーか紅茶のおかわりはいかがですか。	Would you like to have more coffee or tea?
ごはん / パンのおかわりはいかがですか。	Would you like to have more rice/bread?
他はよろしいですか。	Anything else?

19 食事の感想をたずねる ⋯⋯⋯ ◎ DISK 3 TRACK 28

口に合うかどうか

どうですか。	How is it?
好きですか。	Do you like it?
嫌いですか。	You don't like it?
味はいかがですか。	How do you like it?
おいしいですか。	Is it good?
おいしく召し上がっていますか。	Are you enjoying your meal?
満腹ですか。	Are you full?
おなかがいっぱいになりましたか。	Did you have enough?

食事の感想をたずねる・相手の国の食文化についてたずねる

食事はどうでしたか。	Did you enjoy the meal?
お口に合ってよかったです。	I'm glad you enjoyed it.
口に合わなくて残念です。	I'm sorry you didn't like it.
今度は洋食を食べに行きましょう。	We can have Western food the next time.
あなたの国の典型的な朝食 / 昼食 / 夕食は何ですか。	What's a typical breakfast/lunch/dinner in your country?
あなたはだいたい朝食 / 昼食 / 夕食に何を食べますか。	What do you usually eat for breakfast/lunch/dinner?
あなたの国で人気のある食べ物は何ですか。	What kind of food is popular in your country?

カラオケに行く

Going to Karaoke

(1) カラオケに誘う ················· ◎ DISK 3 TRACK 29

カラオケに誘う

カラオケに行きましょう。	Let's go to *karaoke*.
みんなでカラオケに行きましょう。	Let's all go to *karaoke*.
カラオケにお連れします。	I'll take you to *karaoke*.
歌うのは好きですか。	Do you like singing?
英語の歌もあります。	There are English songs, too.
私はときどき英語の歌を歌います。	I sometimes sing English songs.
私の好きな英語の歌は『イェスタデー・ワンス・モア』です。	My favorite English song is "Yesterday Once More."
友達も誘います。	I'll invite some friends.
みんなで楽しみましょう！	Let's have fun!

カラオケについて

カラオケは日本で人気のある娯楽です。	*Karaoke* is a popular leisure activity in Japan.
気軽に遊べます。	It's a light form of recreation.
場所を取りません。	It doesn't need much space.
高くないです。	It's not expensive.

友達や職場の仲間と行きます。	You go with a group of friends and colleagues.
人と仲良くなるのによい方法です。	It's a good means of socializing.
歌うのはよいストレス発散になります。	Singing is a good way to get rid of stress.
あなたの国にカラオケバーはありますか。	Are there *karaoke* bars in your country?
カラオケバーに行ったことはありますか。	Have you ever been to a *karaoke* bar?

カラオケボックスについて

日本にはいたるところにカラオケボックスがあります。	There are *karaoke* boxes all over Japan.
カラオケボックスはカラオケマシーンがある個室です。	A *karaoke* box is a private room with a *karaoke* machine.
フロアが小さい部屋に分かれています。	The floor is divided into many small rooms.
部屋にはマイク付きのテレビがあります。	There is a TV with microphones in the room.
テレビのスクリーンに歌詞がでてきます。	The lyrics will appear on the TV monitor.
スクリーンを見ながら歌います。	You look at the screen and sing.
食べ物と飲み物を注文できます。	You can order food and drinks.
食べ物の持ち込みができるところもあります。	Some places let you bring in food and drinks.
自分たちのグループだけで歌を楽しめます。	You can enjoy singing with your own group.

プライバシーがあります。	You have privacy.
知らない人の前で歌わなくてもいいです。	You don't have to sing in front of strangers.
はずかしくありません。	You don't have to feel shy.

カラオケバーについて

カラオケバーはカラオケマシーンがある飲み屋です。	A *karaoke* bar is a drinking place with a *karaoke* machine.
カラオケバーでは他のお客さんと順番に歌います。	At a *karaoke* bar you take turns singing with other customers.
仕事の接待でもカラオケに行きます。	Sometimes people are treated to *karaoke* as part of business hospitality.
マイクをひとり占めにする人もいます。	Some people hog the mike.

② カラオケについての自分の意見

 DISK 3　TRACK 30

好きです・よく行きます

私はよくカラオケに行きます。	I often go to *karaoke*.
歌うのは楽しいです。	Singing is fun.
友達と盛り上がれます。	I have a good time with my friends.
ストレス解消になります。	I can get rid of stress.

私はカラオケが苦手です。	I don't like *karaoke*.
人前で歌うのは恥ずかしいです。	I feel embarrassed singing in front of people.
音痴なのでカラオケは嫌いです。	I don't like *karaoke* because I'm not a good singer.
新しい歌を知りません。	I don't know new songs.

③ カラオケ屋に行く ⋯⋯⋯⋯⋯ ◎ DISK 3 TRACK 31

カラオケボックスに入る

私はこのカラオケボックスによく来ます。	I often come to this *karaoke* box.
歌の種類が豊富です。	There is a wide selection of songs.
料金は1時間単位です。	They charge by the hour.
昼間の料金と夜の料金があります。	There is a day rate and night rate.
夜間料金のほうが高いです。	The night rate is higher.
部屋を2時間予約しました。	I reserved a room for two hours.

部屋に入る / 食べ物・飲み物の注文

私たちは5番の部屋です。	We're in room number five.
飲み物を頼みましょう。	Let's order drinks.
これがメニューです。	Here's the menu.
ビールを飲みますか。	Do you want a beer?

カクテルはどうですか。	How about a cocktail?
私はウーロン茶にします。	I'll have oolong tea.
ポテトチップスを注文しましょうか。	Shall we order potato chips?
壁にかかっている電話で注文します。	We order by using the phone on the wall.

 4 歌・歌う順番を決める ········· ◎ DISK 3 TRACK 32

歌本を渡す

これが歌本です。	This is the song book.
歌の一覧があります。	There is a list of songs.
ここが英語の歌のセクションです。	This is the English song section.
オールディーズ、ポップス、ロックがあります。	There are oldies, pop songs, and rock-and-roll songs.
歌のタイトルのアルファベット順になっています。	It's in alphabetical order by the title of the songs.
歌い出しの歌詞も書いてあります。	The lyrics of the beginning of the song is there, too.

相手が歌いたい曲を探してあげる

歌手名は五十音順になっています。	The names of the artists are in the order of Japanese syllables.
だれの歌を探しているのですか。	Whose song are you looking for?
私が探してあげましょう。	Let me look for you.

ビートルズを探しているのですか。	Looking for the Beatles?
ありました。	Here it is.
彼らの歌がずらっと並んでいます。	There is a whole list of their songs.
好きな歌を選んでください。	Choose the song you like.

歌の入力・リモコン操作

決まりましたか。	Have you decided?
何を歌いますか。	What are you singing?
歌を入れてあげましょう。	Let me enter the song for you.
これがリモコンです。	This is the remote control.
歌の番号を入力します。	You enter the song number.
何番ですか。	What's the number?
送信ボタンを押します。	Press the "Send" button.
番号がカラオケの機械に出てきます。	The number appears on the *karaoke* machine.
番号がインプットされました。	The number is input.
あなたの歌の演奏が始まるまで待っていてください。	Wait until your song starts playing.

歌う順番を決める

誰が最初に歌いますか。	Who goes first?
私が最初に歌います。	I'll go first.
私は隆史 / 洋子とデュエットを歌います。	I'm singing a duet with Takashi/Yoko.

彼 / 彼女が最初に歌います。	He/She goes first.
あなたからどうぞ。	You go first.
マイクをどうぞ。	Here's the mike.

5 相手が歌う・音の調整 ········· ◎ DISK 3 TRACK 33

相手の番がくる

あなたの番です。	It's your turn.
あなたの歌ですよ。	That's your song.
ステージにどうぞ。	You can go up to the stage.
立って前で歌ってください。	Stand up and go to the front.
テレビのモニターのところに立ってください。	Stand by the TV monitor.
立たなくてもいいです。	You don't have to stand up.
スクリーンを見てください。	Watch the screen.

音の調整

キーは高すぎますか / 低すぎますか。	Is the key too high/low?
もっと高く / 低くしたいですか。	Do you want to make it higher/lower?
音量やエコーは調整できます。	You can adjust the volume and echo.
これでいいですか。	Is this okay?

上手でした！	That was good!
歌が上手ですね。	You are a good singer.
いい歌ですね。	That was a nice song.
どういう歌ですか。	What kind of song is it?
次の曲を選んでください。	Choose your next song.
みんな順番です。	We all take turns.

6 自分が歌う / J ポップス・演歌について

···································· ◎ DISK 3　TRACK 34

私の番です。	It's my turn.
私の十八番を歌います。	I'll sing my favorite song.
ラブソングの定番です。	It's a popular love song.
クリスマスソングを歌います。	I'm singing a Christmas song.
この季節にぴったりです。	It's perfect for the season.
Misia の "Everything" を歌います。	I'll sing "Everything" by Misia.
彼女は日本で人気のある歌手です。	She is one of the popular singers in Japan.
私はサザンオールスターズの "TSUNAMI" を歌います。	I'll sing "TSUNAMI" by the Southern All Stars.
彼らは人気のある日本のポップグループです。	They are a popular Japanese pop group.

3
6

カラオケに行く

317

私は英語の歌を歌います。	I'll sing an English song.
私はエルビス・プレスリーの『ラブ・ミー・テンダー』を歌います。	I'll sing "Love Me Tender" by Elvis Presley.
一緒に歌いましょう。	Let's sing together.

J ポップスについて

私は J ポップスを歌います。	I'm singing J-pops.
J ポップスは洋楽の影響を受けています。	Japanese pop music has a Western influence.
英語の題名の歌がたくさんあります。	There are many songs with English titles.
英語と日本語の歌詞が混ざっている歌もたくさんあります。	Many songs mix Japanese with English lyrics.
ときどき変な英語があります。	Sometimes the English is strange.

演歌について

私は演歌を歌います。	I'll sing *enka*.
演歌は日本のブルースです。	*Enka* is the Japanese blues.
独特の発声があります。	There is a special way of vocalization.
演歌歌手はこぶしをきかせて歌います。	*Enka* singers sing with many vibratos.
年配には演歌ファンが大勢います。	There are many *enka* fans among the older generation.

演歌には恋心、別れ、傷ついた心を歌った歌が数多くあります。	Many songs are about being in love, lost love, and broken hearts.
「酒を飲んで悲しみを忘れる」というテーマがよくでてきます。	A popular theme is drinking *sake* to forget your heartaches.
故郷や両親を思う気持ちを歌った歌もあります。	There are also songs about people missing their home and family.
私は北島三郎の歌を歌います。	I'll sing a song by Saburo Kitajima.
彼は有名な演歌歌手です。	He is a famous *enka* singer.
歌の題は『与作』です。	The title of the song is "Yosaku."
「与作」は人の名前です。	"Yosaku" is a person's name.

7 カラオケを終える・カラオケの感想をたずねる

·· ◉ DISK 3　TRACK 35

終了時間を告げる

時間です。	Our time is up.
延長しますか。	Do you want to continue singing?
延長できますよ。	We can continue singing if you like.
充分歌いましたか。	Are you done singing?
さあ、行きましょう。	Let's go.

カラオケの感想をたずねる

盛り上がりましたね。	We had a great time, didn't we?
楽しかったですか。	Did you have a good time?
カラオケはどうでしたか。	How did you like *karaoke*?
あなたは歌が上手ですね。	You really sang well.
楽しんでいただけてよかったです。	I'm glad you enjoyed it.
私も楽しかったです。	I had a great time, too.
また来たいですか。	Do you want to come again?
また歌いに行きましょう。	Let's go and sing again.

第4部　コミュニケーション

Chapter 1 相手と知り合う・語り合う

Getting to Know Each Other

この章では、会話をうまくスタートさせ、つなげていくための基本的な話題を紹介します。ここにある表現を参考に、相手や相手の国についてたずねたり、自分について話をしながら、自由に会話を展開させてください。

 1 あいさつと自己紹介 ············ ◎ DISK 3　TRACK 36

※「歓迎の言葉」「初対面の人とのあいさつ」「自己紹介」についての詳しい表現は「空港からホテルまで」の章を参照。また、家族・友人を紹介するときの表現は「自宅に迎える」の章を参照してください。

※日本語のあいさつについて説明するときは「日本を紹介するトピックス」の章の「基本的な日本語のあいさつ」の欄を参照。

歓迎のあいさつと自己紹介

初めまして。	How do you do?
お会いできて嬉しいです。	Nice to meet you.
田中景子と申します。	My name is Keiko Tanaka.
私は平井浩二です。	I'm Koji Hirai.
浩二と呼んでください。	Please call me Koji.

日本式のあいさつについて

日本ではあいさつをするとき通常、握手はしません。	In Japan, we usually don't shake hands when we greet someone.

あいさつとして抱き合ったり、キスをしたりすることもありません。

Hugging and kissing are not usual gestures of greeting.

その代わり、おじぎをします。

Instead, we bow.

頭を深く下げるほど、深い敬意を表します。

The deeper the bow, the deeper the respect.

おじぎをするときは相手の目をじっと見ません。

We don't make eye contact when we bow.

仕事で人と会うときは名刺を交換します。

We exchange name cards when we meet someone for business.

日本式の名前の呼び方

日本では名字を先に言います。

In Japan, we say our family name first.

例えば、私の名前はケイコ・タナカです。

For example, my name is Keiko Tanaka.

日本では田中景子と言います。

In Japan, we say Tanaka Keiko.

名前の呼び方は相手とどれだけ親しいかによって変わります。

How you address the person depends on how close you are to that person.

一般的に名字で呼びます。

Generally we call people by their family name.

家族や親しい友人は名前で呼びます。

Family and close friends call each other by their first name.

日本語には名前につける接尾辞があります。

In Japanese, there are suffixes that are added to the name.

一般的な接尾辞は「〜さん」です。	The most common suffix is "*-san*".
「〜さん」は Mr.、Ms.、Mrs. のようなものです。	"*-San*" is like Mr., Ms. or Mrs.
名字と名前、どちらにでもつけられます。	It can be added to the last name or the first name.
男性と女性、どちらにでも使えます。	It can be used for both men and women.
私の名字は「田中」なので、ほとんどの人が「田中さん」と呼びます。	My family name is Tanaka, so most people call me "Tanaka-*san*."
名前を使って「景子さん」と呼ぶ人もいます。	Some people call me "Keiko-*san*" using my first name.
職場や学校ではよく肩書きを使って相手を呼びます。	At work or school, we often address people by their title or position.
例えば、学校の先生は「せんせい」と呼びます。	For example, we call our school teachers "*sensei*," meaning "teacher."

 2 来日の経験・日本の印象をたずねる

DISK 3　TRACK 37

「日本は初めてですか」

日本は初めてですか。	Is this your first time to Japan?
日本に来たことはありますか。	Have you been to Japan before?

来日の目的は仕事ですか。観光ですか。	Are you here on business or for pleasure?
滞在期間はどれくらいですか。	How long are you staying?
帰国はいつですか。	When are you returning?

初来日の人に対して

なるほど。日本は初めてなのですね。	I see. This is your first time to Japan.
日本は初めてだとうかがっています。	I've heard this is your first visit to Japan.
何をするのを楽しみにして来ましたか。	What have you been looking forward to doing in Japan?
日本が気に入っていただけたら嬉しいです。	I hope you like Japan.

日本の印象をたずねる

日本滞在を楽しんでいますか。	Are you enjoying your stay in Japan?
日本の印象はどうですか。	What's your impression of Japan?
街の印象はどうですか。	What's your impression of the city?
日本人の印象はどうですか。	What's your impression of the Japanese people?
日本についておもしろいと思うことは何ですか。	What do you find interesting in Japan?

| 日本の何に魅力を感じますか。 | What do you find fascinating about Japan? |
| 日本人の生活についてどう思いますか。 | What do you think about the Japanese lifestyle? |

再来日した人に対して

これまで何度日本に来ましたか。	How many times have you been to Japan?
いつ来ましたか。	When did you come?
季節はいつでしたか。	In what season did you come?
仕事で来ましたか。観光で来ましたか。	Were you here on business or pleasure?
日本滞在は楽しかったですか。	Did you enjoy your stay in Japan?
日本のどこに行きましたか。	Where have you been in Japan?
どこが気に入りましたか。	What place did you like most?
何が楽しかったですか。	What did you enjoy most?
日本食は口に合いましたか。	How did you like Japanese food?
日本について気に入ったことは何ですか。	What did you like about Japan?
日本について気に入らなかったことは何ですか。	What didn't you like about Japan?

今回は何をしたいですか。	What do you want to do this time?
今回はどこに行きたいですか。	Where do you want to go this time?
今回は前回行っていないところを回りましょう。	Let's visit the places you missed the last time.

3 海外旅行の経験をたずねる … ◎ DISK 3　TRACK 38

海外旅行では他にどの国に行きましたか。	What other countries have you visited?
一番気に入った国はどこですか。	Which country did you like best?
気に入った国について聞かせてください。	Tell me about the country you liked.
私もその国に行ったことがあります。	I've been there, too.
私も気に入りました。	I liked it.
私はそこに行ったことがありません。	I've never been there.
いつかそこに行ってみたいです。	I'd like to go there someday.

④ 自分の語学力・日本の英語教育について

私の英語はどうですか。	How is my English?
私は今、英語を勉強しています。	I'm studying English now.
英語のレッスンを受けています。	I'm taking English lessons.
日本の学生は中学と高校を合わせると6年間学校で英語を学びます。	In Japan, students study English for six years from junior high school to high school.
文法中心の学習です。	They mainly study grammar.
会話を苦手とする人が大勢います。	A lot of people are not good at conversation.
今、私は会話力を向上させるためにがんばっています。	Now, I'm trying hard to improve my conversation skill.
新しい単語を覚えています。	I'm learning a lot of new words.
あなたとうまく会話ができると嬉しいです。	I hope I'll be able to communicate with you smoothly.
あなたは外国語を話しますか。	What foreign language do you speak?
あなたは何カ国語を話しますか。	How many languages do you speak?

⑤ 相手の国についてたずねる・自分が住んでいる街について話す

相手の国についてたずねる

あなたの国について教えてください。	Please tell me about your country.

328

出身はどちらですか。	Where are you from?
どちらにお住まいですか。	Where do you live?
そこに住んでどれくらいになりますか。	How long have you been living there?
どんな街ですか。	What kind of city is it?
あなたの街の魅力は何ですか。	What do you like about your city?
気候はどうですか。	How is the weather?
人口はどれくらいですか。	What's the population?
観光名所はどこですか。	What are the famous sightseeing spots?
食べ物は何がおいしいですか。	What are the popular local dishes?
あなたの街に日本料理屋はありますか。	Are there Japanese restaurants where you live?
人気のあるレジャーは何ですか。	What do people do for fun?
お勧めの買い物スポットはどこですか。	Where is the best place for shopping?
名産品は何ですか。	What's a good souvenir to buy?

「あなたの国に行きたいです」

私はあなたの国に行ったことがありません。	I've never been to your country.
いつかあなたの国に行ってみたいです。	I hope to visit your country someday.

旅行をするとしたらいつがいいですか。	When is the best season to travel?
私はあなたの国に行ったことがあります。	I've been to your country.
いいところでした。	It was beautiful.
とても気に入りました。	I really liked it.
また行きたいです。	I want to go there again.

自分が住んでいる街について話す

※都市部と郊外についての表現は「日本を紹介するトピックス」の「日本の姿」を参照。

私は横浜に住んでいます。	I live in Yokohama.
生まれてからずっと横浜に住んでいます。	I've been living in Yokohama all my life.
ここ／そこに住んで3年になります。	I've been living here/there for three years.
いい街です。	It's a nice city.
ここ／そこが好きです。	I like it here/there.
大きな／小さな街です。	It's a big/small city.
都市部に近いです。	It's near the city.
通勤・通学に便利です。	It's convenient for commuting.
自然が少ないのが残念です。	I wish there were more trees and flowers.
都市部から離れています。	It's far from the city.
不便ですが環境がいいです。	It's not convenient, but the environment is good.

| 海 / 山に近いです。 | It's near the beach/mountains. |
| ぜひ街を案内したいです。 | I'd like to show you around town. |

6 相手の趣味をたずねる・自分の趣味について話す
·· ◎ DISK 3　TRACK 41

相手の趣味をたずねる

あなたについて話してください。	Please tell me about yourself.
趣味は何ですか。	What's your hobby?
好きな余暇の過ごし方は何ですか。	What do you do in your spare time?
何に興味がありますか。	What are your interests?

自分の趣味について話す

私は読書 / 旅行が好きです。	I like reading/traveling.
音楽鑑賞も好きです。	I also like listening to music.
テニスをします。	I play tennis.
趣味はガーデニングです。	My hobby is gardening.
写真に興味があります。	I'm interested in photography.
今、韓国語を勉強しています。	Now I'm studying Korean.

4
1

相手と知り合う・語り合う

331

⑦ 家族写真を見せてもらう・自分のアルバムを見せる

·· ◎ DISK 3　TRACK 42

①外国人はよく家族の写真を財布に入れて持ち歩きます。相手が写真を見せてくれたら、以下の表現を使って応じましょう。

②自分のアルバムを見せることも会話のきっかけになります。例えば、自宅にお客さまを招いた場合、七五三や成人式の写真などを見せ、日本の年中行事について話すことで会話を発展させることができます。（年中行事についての表現は「日本の四季と年中行事」の章を参照。）

写真を見る・相手の家族について質問する

ご家族の写真ですか。	Is this your family picture?
いい写真ですね。	It's a nice picture.
どこで撮ったのですか。	Where did you take this?
スタジオで撮ったのですか。	Did you take it in a studio?
お父さん / お母さんの名前は何ですか。	What's your father's/mother's name?
あなたは何人兄弟ですか。	How many brothers and sisters do you have?
ご兄弟の名前は何ですか。	What's your brother's/sister's name?
こちらが息子さん / 娘さんですか。	Is that your son/daughter?
彼 / 彼女はおいくつですか。	How old is he/she?
彼 / 彼女のご職業は何ですか。	What does he/she do?
彼 / 彼女は独身ですか。	Is he/she single?

彼 / 彼女は日本に来たことがありますか。	Has he/she been to Japan?

きれいなお母さんですね。	Your mother is beautiful.
立派なお父さんですね。	Your father is handsome.
あなたはお父さん似 / お母さん似ですね。	You look like your father/mother.
あなたはお兄さん / お姉さんにそっくりですね。	You look exactly like your older brother/sister.
彼 / 彼女はお若いですね。	He/She looks young.
やさしそうな方ですね。	He/She looks very kind.
笑顔がきれいな方ですね。	He/She has a nice smile.
すてきな息子さん / 娘さんですね。	Your son/daughter is cute.
いいご家族ですね。	You have a nice family.

自分の家族写真を見せる

私の家族写真をお見せしましょう。	Let me show you my family pictures.
これが私の父です。	This is my father.
彼の名前は秀男です。	His name is Hideo.
父は 60 歳です。	My father is sixty years old.
これが私の母です。	This is my mother.
彼女の名前は節子です。	Her name is Setsuko.

4
1

相手と知り合う・語り合う

母は 47 歳です。	My mother is forty-seven years old.
私は兄がひとりと妹がひとりいます。	I have one older brother and one younger sister.
これが私の兄 / 弟の隆史です。	This is my older/younger brother Takashi.
これが私の姉 / 妹のめぐみです。	This is my older/younger sister Megumi.
これが私の夫 / 妻です。	This is my husband/wife.
私には息子 / 娘がふたりいます。	I have two sons/daughters.
これが私の息子 / 娘です。	This is my son/daughter.
この写真は 5 年前に撮りました。	We took this picture five years ago.
これはハワイに家族旅行をしたときの写真です。	We took this when we went on a family trip to Hawaii.

家族について説明する

彼 / 彼女は働いています。	He/She is working.
彼 / 彼女はアルバイトをしています。	He/She is working part-time.
彼は引退しています。	He's retired.
彼女は主婦です。	She's a housewife.
彼 / 彼女は学生です。	He/She is a student.
彼 / 彼女は結婚しています。	He/She is married.
彼 / 彼女は独身です。	He/She is single.

※「七五三」と「成人式」についての表現は「日本の四季と年中行事」についての章を参照。

これは私の子供の頃の写真です。	This is me when I was little.
私が7歳のときに撮りました。	I took this when I was seven years old.
これは七五三のときの写真です。	It's the picture of the *Shichi-Go-San* celebration.
これは小学校の入学式の写真です。	This picture was taken when I entered elementary school.
これは卒業写真です。	This is my graduation picture.
これは成人式のときの写真です。	This is the picture of the Coming-of-Age Day.
私は着物を着ました。	I wore a *kimono*.
これは私たちの結婚式の写真です。	This is our wedding picture.
日本式の結婚式でした。	It was a Japanese-style wedding.
洋式の結婚式でしたが、着物も着ました。	We had a Western-style wedding, but I also wore a *kimono*.
西洋のウェディングドレス同様、婚礼用の着物の色は白です。	Like the Western wedding dress, the wedding *kimono* is white, too.
白い着物の上に赤い打ちかけを着ました。	I wore a red bridal coat over my white wedding *kimono*.

4
1

相手と知り合う・語り合う

鶴はめでたい鳥とされています。（打ちかけの柄を説明する）	The crane is a symbol of good luck.
かつらがとても重かったです。	The wig was very heavy.
私は顔に白い化粧をしました。	I wore white, heavy make-up.
表情がかたいでしょう。	I look serious.
この写真を撮ったとき私はとても緊張していました。	I was very nervous when I took this picture.
私も若かったですね。	I look very young.

8 記念撮影をする ····················· ◎ DISK 3 TRACK 43

写真を撮りましょう。	Let's take a picture.
あなたの写真を撮りましょう。	Let me take your picture.
ここで写真を撮りましょうか。	Would you like to take a picture here?
一緒に撮りましょう。	Let's take it together.
あの人に写真を撮ってもらいましょう。	Let's ask him/her to take our picture.
私のカメラでも撮りましょう。	Let me take a picture with my camera, too.
あなたのカメラで写しましょうか。	Shall I take a picture with your camera?
カメラを貸してください。	Give me your camera.
そこに座ってください。	Please sit there.

そこに立ってください。	Please stand there.
もう少し前に来てください。	Come a little forward.
後ろに下がってください。	Move back.
右 / 左に寄ってください。	Move to the right/left.
そこでいいです。	Right there is good.
ここを押せばいいですか。	Just press here?
このカメラはオートフラッシュがついていますか。	Does this camera have an auto-flash?
フラッシュは必要でしょう。	I think we need a flash.
フラッシュはいらないでしょう。	I don't think we need a flash.
笑って！	Smile!
はい、チーズ。	Say cheese.
完璧です。	Perfect.
写真ができあがったら送りますね。	I'll send you the pictures after they are developed.

⑨ 仕事・留学で来た人への質問

.... ◎ DISK 3　TRACK 44

相手の日本語力について

| 日本語が上手ですね。 | Your Japanese is good. |
| どこで日本語を勉強したのですか。 | Where did you learn your Japanese? |

日本企業と仕事をするのは初め
てですか。

Is this your first time to work
with a Japanese company?

日本企業で働くのは初めてですか。

Is this your first time to work
for a Japanese company?

日本人と仕事をした感想を聞か
せてください。

How do you like working
with Japanese people?

日本人のビジネスのやり方をど
う思いますか。

What do you think about the
Japanese way of conducting
business?

あなたの会社と日本企業との違
いは何ですか。

What are the differences
between your company and
the Japanese company?

日本市場にはどのような可能性
があると思いますか。

What are the potentials of the
Japanese market?

日本語・日本文化を学びに来た人への質問

日本に来ようと思ったのはなぜ
ですか。

Why did you decide to come
to Japan?

日本語を勉強しようと思ったの
はなぜですか。

Why are you interested in
studying Japanese?

日本語を勉強してどれくらいに
なりますか。

How long have you been
studying Japanese?

日本語の何が難しいですか。

What is most difficult in
learning Japanese?

興味がある分野は何ですか。

What is your particular field
of interest?

この学習プログラムについてどう思いますか。	What do you think of this study program?
日本訪問の経験を将来どのように仕事に生かしたいですか。	How would you like to apply this experience of visiting Japan in your future career?

⑩ 基本的なあいづち表現 ⋯⋯⋯ ◉ DISK 3 TRACK 45

なるほど。	I see.
そうですか。	Is that so?
よかったです。	I'm glad.
それはよかったです。	That's good.
それは残念です。	That's too bad.
気に入っていただけて嬉しいです。	I'm glad you liked it.
それはおもしろいですね。	That's interesting.
私もそう思います。	I agree with you.
あなたの気持ちがわかります。	I know how you feel.
おもしろい経験ですね。	That's an interesting experience.

気づかいのフレーズ

Making Sure that the Guests are Comfortable

①この章では、相手を気づかうときに使うフレーズを紹介します。体調を
たずねたり、不都合がないかを確認するときに活用してください。

②外出前の確認、買い物、食事に関する気づかいの表現は「街を歩く」「買
い物をする・おみやげを選ぶ」「レストランに行く・食事を楽しむ」の
各章を参照してください。

1 電車・バス・車による移動時 … ◎ DISK 3 TRACK 46

どうぞ寝てください。	Go ahead and sleep if you like.
疲れていたら寝てもいいですよ。	Go ahead and sleep if you're tired.
目を閉じて休んでください。	Close your eyes and rest.
まだ先は長いです。	We still have a long way.
着いたら起こします。	I'll wake you when we get there.

2 何かありましたら遠慮なく言ってください
………………………………… ◎ DISK 3 TRACK 47

何でも遠慮なく訊いてください。	Don't hesitate to ask me for anything.
必要なものがありましたら言ってください。	Ask me if you need anything.

困ったことがあったら言ってください。	Tell me if you have any trouble.
何かあったら連絡してください。	Call me if you need anything.
私の家の番号は 03-5542-1233 です。	My home number is 03-5542-1233.
私の携帯電話の番号は 090-2253-2244 です。	My cell phone number is 090-2253-2244.

③ 体調をたずねる・疲れていないかどうか

DISK 3　TRACK 48

体調をたずねる

気分はどうですか。	How are you feeling?
時差ぼけはありますか。	Do you have jetlag?
大丈夫ですか。	Are you okay?
具合が悪いのですか。	Are you feeling sick?
よく眠れましたか。	Did you sleep well?
よく眠れていますか。	Are you sleeping well?
食欲はありますか。	Do you have a good appetite?
食事はとれていますか。	Are you eating well?

疲れていないかどうか

疲れていませんか。	Are you tired?
お疲れでしょう。	You must be tired.
眠いですか。	Are you sleepy?

4
2

気づかいのフレーズ

眠そうですね。	You look sleepy.
予定が詰まっていますね。	You have such a hard schedule.
旅の疲れが残っているのでしょう。	You must still be tired from traveling.
まだ時差ぼけがあるのでしょう。	You must still have jetlag.
観光続きでお疲れでしょう。	You must be tired from the sightseeing.
暑いからばててますよね。	This heat is killing us.

休憩を提案する

一休みしましょうか。	Would you like to take a break?
一休みしましょう。	Let's take a break.
お茶を飲みましょう。	Let's have a cup of coffee.
そこに座りましょう。	Let's sit down there.
ホテルに戻りますか。	Would you like to go back to your hotel?
家に戻りますか。	Shall we go home?
けっこう歩きましたね。	We really walked a lot.

休養をとる・休む

休みますか。	Would you like to rest?
休んだほうがいいですよ。	You should rest.
休んでください。	Please rest.
ゆっくり休んでください。	Get a good rest.

今日はゆっくりしましょう。	Let's take it easy today.
無理をしないでください。	Don't overdo it.
のんびりしてください。	Relax and take it easy.
今夜は早めに寝てください。	You should sleep early tonight.
よく眠れるといいですね。	I hope you sleep well.

④ 相手の意向を確認する ⋯⋯⋯ ◎ DISK 3　TRACK 49

※相手のしたいことをたずねる詳しい表現は「予定をたてる・待ち合わせをする」の章を参照。

相手の意向を確認する

どうしましょうか。	What shall we do?
それでいいですか。	Is that okay?
そうしますか。／そうしたいですか。	Would you like to do that?
試してみますか。／やってみたいですか。	Would you like to try it?

問題がないかどうかを確認する

問題はありますか。	Is there a problem?
何かありましたか。	Is something wrong?
どうかしましたか。	What's wrong?
何があったのですか。	What happened?
問題はないですか。	Is everything okay?

4
2

気づかいのフレーズ

⑤ 感想をたずねる表現 ············· ◎ DISK 3　TRACK 50

おもしろいですか。	Are you enjoying yourself?
楽しんでいますか。	Are you having fun?
退屈していませんか。	I hope you're not bored.
好きですか。	Do you like it?
嫌いですか。	Don't you like it?
どうでしたか。	How did you like it?
楽しみましたか。	Did you enjoy it?
どう思いましたか。	What did you think of it?

⑥ 宿泊客に対する気づかいの言葉
··· ◎ DISK 3　TRACK 51

※自宅に客を招くときの詳しい表現は「自宅に迎える」の章を参照。

くつろいでいますか。 / 快適ですか。	Are you comfortable?
暑いですか。	Are you hot?
寒いですか。	Are you cold?
寒くないですか。	Are you warm enough?
暑かったら言ってください。	Tell me if you're hot.
寒かったら言ってください。	Tell me if you're cold.
暖房をつけましょう。	Let's turn on the heater.
冷房をつけましょう。	Let's turn on the air conditioner.

温度を上げ / 下げましょう。	Let's turn it up/down.
ドライにして除湿をしましょう。	Let's turn it on to "dry" to take away the humidity.
これが冷暖房のリモコンです。	This is the remote control for the heater-air conditioner.
ここを押して電源を入れます。	Press here to turn it on.
このボタンを押して温度の上げ下げをします。	Press this button to adjust the temperature.

Chapter 3 会話の SOS
When You Have Trouble Communicating

　この章では「相手の言っていることがわからない」「言いたいことがうまく伝わらない」など、会話に困ったときに使う表現をまとめてあります。会話がスムーズに流れなくてもあわてずに、以下の表現を参考に、辞書を使ったり、身ぶり手ぶりを交えて話をしてみてください。言葉の壁は心の壁ではありません。相手を理解しようとする気持ちがお互いにあれば、会話は自然と成り立つものです。語学力に自信がないと臆せずに、リラックスして話をしましょう。

1 相手の言っていることがわからないときの表現
· ◎ DISK 3　TRACK 52

聞き取れなかったとき

はい？	Excuse me?
ええ？	Pardon me?
何て言いましたか。	What did you say?
聞き逃しました。	I missed that.
繰り返していただけますか。	Could you repeat that?
もう一度言っていただけますか。	Could you say that one more time?
もう少しゆっくり話していただけますか。	Could you speak more slowly?

相手の言っている意味がわからないときは、"I don't understand." や "I don't get it." を使います。誤解やトラブルを招かないように、話の内容がわからないときは、あいまいなままにせず素直に質問し、辞書などを活用して明確なコミュニケーションを心がけましょう。

わかりません。	I don't understand.
よくわかりません。	I don't get it.
どういう意味かわかりません。	I don't know what you mean.

注)"I don't know." だけだと「知りません」という意味になります。「意味が理解できない」というときには使いません。

申し訳ありませんが意味がわかりません。	I'm afraid I don't understand.
おっしゃっている意味がわかりません。	I don't understand what you're saying.
その単語を知りません。	I don't know that word.

2 対応する ························· ◎ DISK 3　TRACK 53

もう一度その単語を言ってください。	Could you say that word again?
それはどういう意味ですか。	What does that mean?
もう少し簡単な言葉で言っていただけますか。	Could you put it in simpler terms?

会話のSOS

スペルを教えてください。	Could you spell that word?
辞書を引きます。	I'll look it up in my dictionary.
辞書で調べてみます。	I'll check my dictionary.
辞書を持ってきます。	I'll bring my dictionary.
その単語を指してください。	Please point to the word.
メモ用紙を持ってきます。	I'll bring my memo pad.
その言葉をこの紙に書いてください。	Please write that word on this paper.
その文章を書いていただけますか。	Would you please write the sentence?

「わかりました」

これでわかりました。	Now I got it.
その表現を覚えます。	I'll learn that expression.
この次言われたらわかります。	I'll know the next time you say it.
勉強になりました。	I learned something new.
教えてくれてありがとうございました。	Thank you for explaining.
それは日本語でこう言います。	In Japanese we say it like this.

3 英語での言い方をたずねる … ◎ DISK 3 TRACK 54

これは英語で何と言うのですか。	How do you say this in English?
スペルは何ですか。	How do you spell that?

文章ではどのように使われますか。	How is it used in a sentence?
どのような状況で使うのですか。	In what kind of situation do you use it?
どうやって使うのですか。	How do you use it?
例えば？	For example?
例文をもっと教えてください。	Please give me more example sentences.
今日は新しい単語を覚えました。	I learned a new word today.
新しい表現を覚えました。	I learned a new expression.
覚えて使います。	I'll memorize and use it.

④ 言いたいことがうまく伝えられないとき
··· ◎ DISK 3　TRACK 55

　言葉や文章がうまくでてこないときは、完璧に話そうとするよりも、まずは「相手に伝わる」ということにポイントを置いて話をしましょう。例えば、とっさに「夕食は何時にしましょうか」という文章がでてこなかったとします。その時、"Eat（食べる）" "Dinner（夕食）" "Time（時間）" "Seven?（7時？）" "Six?（6時？）" などの簡単な単語を言います。同時に食べるしぐさをしたり、時計を指したりしながら表情豊かに話をすれば、相手は「食べること・時間に関すること」について訊いているのだということがわかるはずです。すると "Seven is fine.（7時でいいです）" というような答えが返ってくるでしょう。むずかしく考えることはないのです。相手とのやりとりを繰り返しながら、「通じ合う」ことの手応えを感じてください。

どう言ったらいいのかわかりません。	I don't know how to say it.
ちょっと待ってください。	Please wait.
考えさせてください。	Let me think.
私の言いたい言葉はこれです。（辞書を指す）	This is the word I want to say.

自分の言ったことが伝わっているかを確認する

わかりますか。	Do you understand?/Do you know what I mean?
私が言っている意味がわかりますか。	Do you understand what I'm saying?
私が言っているのはそういう意味ではありません。	I don't mean that.
こういう意味です。	I mean this.
明確ですか。	Is it clear?
わかりましたか。	Did you get it?
「はい」ですか。「いいえ」ですか。	"Yes" or "No"?
オーケーですか。	Is it okay?
よかったです。	I'm glad.

5　観光・店・交通手段などの詳しい情報がわからなかったら

知りません。	I don't know.
確かなことはわかりません。	I don't know for sure.
調べておきます。	I'll check.
あとで教えます。	I'll tell you later.
電話番号を調べます。	I'll get the phone number.
店／レストランに電話します。	I'll call the shop/restaurant.
スケジュール／値段を確認します。	I'll check the schedule/price.
営業時間を確認します。	I'll check the opening hours./I'll check when they open.
アクセスを確認します。	I'll check the way to get there.
場所を確認します。	I'll check where it is.
わからないので観光案内所に電話します。	I don't know so I'll call the tourist information.

6　日本について質問されてわからない場合

　外国人と接する過程で、日本の文化、歴史、習慣などについていろいろと質問を受けることがあるでしょう。詳しい理由や背景がわからないときは以下の表現を使って対応してください。可能であれば資料を見せたり、調べたりして質問の答えがわかったらあとで教えてあげましょう。

それは興味深い指摘です。	That's an interesting point.
考えたことはありませんでした。	I've never thought of it.
そのように考えたことはありませんでした。	I've never thought of it that way.
自分では当たり前のことになっています。	For me it's a natural thing.
生活の一部になっています。	It's become a part of my life.
昔からの習慣です。	It's a traditional custom.

詳しい背景・由来がわからないとき

残念ながら知りません。	I'm afraid I don't know.
詳しいことは知りません。	I don't know the details.
理由はわかりません。	I don't know the reason.
由来はわかりません。	I don't know about the origin.
調べましたがわかりませんでした。	I checked, but I couldn't find out.

調べる・資料を見せる

調べてみます。	I'll look it up.
調べます。	I'll check.
調べてあとで教えます。	I'll check and tell you later.
本を調べます。	I'll check the book.
日本文化に関する本があります。	I have a book on Japanese culture.

日本に関する本をお見せします。 I'll show you the book I have on Japan.

英語で書かれています。 It's written in English.

ここに解説が載っています。 There is an explanation right here.

第5部 見送る

空港まで送る

Seeing Guests Off at the Airport

 出発前の確認・・・・・・・・・・・・・・・・・・・ ◎ DISK 3　TRACK 58

※帰国に向けての表現は「旅をふり返る・別れのあいさつ」の章を参照。

フライトの確認

フライトは何時ですか。	What time is your flight?
何便ですか。	What's your flight number?
フライトは何時間ですか。	How long is your flight?
現地には何時に着くのですか。	What time will you be arriving?
フライトのリコンファームは済みましたか。	Did you reconfirm your flight?
フライトは定刻通りですか。	Is your plane on time?

ホテルのチェックアウトの時間と迎えの時間

チェックアウトは何時ですか。	What time is check-out?
チェックアウトは 11 時です。	Check-out time is eleven.
10 時半に迎えに来ます。	I'll pick you up at ten-thirty.
ロビーにいます。	I'll be in the lobby.

空港に出発する時間の確認

空港に直接行きます。	We'll go directly to the airport.
空港にはフライトの 2 時間前までに着くようにしましょう。	We should be at the airport two hours before the flight.

1時半に出発します。	We'll leave at one-thirty.
空港まで約1時間半かかります。	It takes about an hour and a half to the airport.
向こうには早く着きます。	We'll get there early.
3時ごろ向こうに着きます。	We'll be there around three.
早めに出ましょう。	Let's leave early.
渋滞するかもしれません。	There might be traffic.
あわてずにすみます。	We don't have to rush.
空港でゆっくりできます。	We'll have some time to relax at the airport.

② 宿泊・滞在先を出発する ······ ◎ DISK 3 TRACK 59

※荷物についての表現は「空港からホテルまで」の「空港を出る」:《空港を出る前に確認: 荷物・お手洗い》を参照。

チェックアウト・荷物について

チェックアウトは終わりましたか。	Did you finish checking-out?
荷物は降ろしてありますか。	Did you send your luggage down?
全部持ちましたか。	Do you have everything?
パスポートを忘れずに。	Make sure you have your passport.
チケットは持っていますか。	Do you have your ticket?

※アクセスの説明と乗り物に乗る表現は「空港からホテルまで」と「交通機関を利用する」の章を参照。

行きと同じルートで行きます。	We'll go the same way we came.
駅までタクシーで行きます。	We'll take the taxi to the station.
タクシーはホテルの前から乗れます。	We can get a taxi from the hotel.
タクシーを呼びました。	I called the taxi.
タクシーが来ました。	The taxi is here.

③ 空港にて ························ ◎ DISK 3　TRACK 60

空港に入場する際の検問

あそこで検問があります。	There is a security inspection over there.
身分を証明できるものを用意してください。	Have your I.D. ready.
パスポートを見せてください。	Show your passport.

空港に到着する

早く着きました。	We arrived early.
ぎりぎり間に合いました。	We just made it.

ターミナルはふたつあります。	There are two terminals.
ユナイテッド航空は第1旅客ターミナルです。	United Airlines is in Terminal One.
出発ロビーはこちらです。	The departure lobby is this way.

チェックインをする

ユナイテッド航空はあそこです。	There's United Airlines.
チェックインカウンターはあそこです。	The check-in counter is over there.
預ける荷物はどれですか。	Which bags are you checking-in?
これは機内持ち込みですか。	Are you hand-carrying this?
搭乗券をもらいましたか。	Did you get your boarding pass?
どの席になりましたか。	Which seat did you get?

フライトスケジュールを確認する

フライトスケジュールを確認しましょう。	Let's check the flight schedule.
スケジュールボードを見ましょう。	Let's look at the schedule board.
ノースウェストの6便でしたね。	You are on Northwest, flight number six.
ありました。	There it is.
フライトは時間通りです。	Your flight is on time.
フライトは遅れています。	Your flight is delayed.

5
1

空港まで送る

搭乗開始時刻は何時ですか。	When is your boarding time?
3時半には出国審査に行ったほうがいいですね。	You should go to the Passport Control at three-thirty.

④ 搭乗まで ························· ◉ DISK 3　TRACK 61

時間がない場合

飛行機はもうすぐ離陸します。	Your plane is leaving soon.
すぐ行ったほうがいいですよ。	You'd better go right now.
出国審査にまっすぐ行ってください。	Go straight to the Passport Control.

時間に余裕がある場合

まだ時間があります。	There is still time.
搭乗開始まで30分ほどあります。	We have about thirty minutes until boarding time.
電話をかけたい人はいますか。	Did you want to make a phone call to someone?
公衆電話はあちらです。	The pay phone is over there.
お手洗いは大丈夫ですか。	Do you want to use the bathroom?
あそこにいすがあります。	There are chairs over there.
あそこに座りましょう。	Let's sit down over there.

質問があったら・インフォメーションデスクに案内する

インフォメーションデスクで訊きましょう。	Let's ask at the Information Desk.
案内所はあちらです。	The Information Desk is there.

両替所について

お金の両替をしますか。	Do you want to change money?
両替所はあそこにあります。	There is a Currency Exchange over there.

お茶・軽食を提案する

コーヒーを飲みますか。	Do you want to have coffee?
何か食べますか。	Do you want to eat something?
あそこに喫茶店があります。	There is a coffee shop over there.
向こうにレストランがあります。	There is a restaurant on the other side.
今は食べないほうがいいかもしれません。	Maybe you shouldn't eat now.
飛行機に乗ったらきっとすぐ食事がでますよ。	I'm sure a meal will be served right after you board.

売店を見る

店を見ますか。	Do you want to look at the shops?
必要なものはありますか。	Do you need anything?

免税店で買い物をするときは搭乗券が必要です。	You need your boarding pass when you shop at the Duty Free Shops.
消費税はかかりません。	You don't need to pay consumption tax.
たばこや化粧品などがあります。	There are cigarettes and cosmetics.
酒を買って帰れます。	You can buy *sake* to take home.
おみやげを買う最後のチャンスです。	It's your last chance to buy souvenirs.

搭乗開始

時間です。	It's time.
3時40分です。	It's three-forty.
搭乗手続きが始まっています。	They've begun boarding.
そろそろ行ったほうがいいですよ。	You'd better be going.
あなたのフライトが呼ばれています。	They are calling your flight.
あれが最後のアナウンスでした。	That was the final call.

セキュリティーチェック

セキュリティーチェックがあります。	There is a security check.
搭乗券を用意してください。	Have your boarding pass ready.
手荷物検査があります。	There is a baggage inspection.

| あなたは金属探知機ゲートをくぐります。 | You have to walk through the metal detector. |

見送る

※別れのあいさつの詳しい表現は「旅をふり返る・別れのあいさつ」の章を参照。

ひとりで大丈夫ですか。（相手を残して自分が先に帰る場合）	Will you be okay alone?
出国審査はあちらです。	Passport Control is that way.
私はここから先へは入れません。	I can't go through here.
ここでお別れです。	I must say good-bye here.
お別れですね。	I guess this is good-bye.
お会いできてよかったです。	It's been a great pleasure meeting you.
よいご旅行を。	Hope you have a nice flight back.

Chapter 2 旅をふり返る・別れのあいさつ

Reflecting on the Trip and Saying Good-Bye

① 帰国に向けて ···················· ◎ DISK 3 TRACK 62

※出発に関する具体的な表現は「空港まで送る」の章の「出発前の確認」「宿泊・滞在先を出発する」を参照。

出発前に

もう明日出発ですね。	You're already leaving tomorrow.
今日出発ですね。	You're leaving today.
出発の準備はできましたか。	Are you all ready to leave?
荷づくりは終わりましたか。	Are you all packed?
あっという間に時間が経ちましたね。	Time went by so fast.
もっと長く滞在できればよかったですね。	I wish you could have stayed longer.
今度はもっと長く滞在できるといいですね。	Hope you can stay longer the next time.
寂しくなります。	I/We will miss you. 注）「自分」の気持ちを話しているときは I を、「私たち」の気持ちのときは We を使います。

現地空港から相手の家までのアクセスをたずねる

空港へは誰か迎えに来ますか。	Is someone picking you up at the airport?

364

| 空港からどうやって家に帰るのですか。 | How are you going to get back from the airport? |
| 家は空港から遠いですか。 | Is your place far from the airport? |

2 日本滞在の感想をたずねる… ◎ DISK 3　TRACK 63

旅の感想をたずねる

※旅の感想をたずねる表現は「相手と知り合う・語り合う」の章の「来日の経験・日本の印象をたずねる」も参照。

日本はどうでしたか。	How did you like Japan?
日本滞在は楽しかったですか。	Did you enjoy your stay in Japan?
何が一番楽しかったですか。	What did you enjoy most?
日本食はどうでしたか。	How was the Japanese food?
おいしいと思った日本食は何ですか。	Which Japanese food did you like?
仕事はうまく行きましたか。	Did your business go well?
留学プログラムは楽しかったですか。	Did you enjoy the study program?
また日本に来たいですか。	Would you like to come to Japan again?
今度来日したら何がしたいですか。	What would you like to do the next time you visit Japan?

相手の感想に応える

滞在を楽しんでいただけてよかったです。	I'm glad you enjoyed your stay.
私も楽しかったです。	I had a great time, too.
楽しかったですね！	We had a great time!
お会いできて嬉しかったです。	It's been a pleasure meeting you.
あなたをお招きできて嬉しかったです。	It's been my pleasure to have you.
同伴させていただいて楽しかったです。	I enjoyed your company.
楽しく会話ができました。	I enjoyed talking to you.
楽しく仕事をさせていただきました。	I enjoyed working with you.
私たちはいいチームです。	We're a good team.
私にとってもいい経験でした。	It was a good experience for me, too.
あなたの国について学びました。	I learned a lot about your country.
いい思い出がたくさんできました。	We have so many nice memories.
一緒に過ごした時間を絶対に忘れません。	I'll never forget the time we shared together.

おみやげを渡す

これはささやかなおみやげです。	This is a small gift for you.
あなたに。	It's for you.
あなたとご家族のみなさまに。	It's for you and your family.
どうぞあけてください。	Go ahead and open it.
気に入っていただけると嬉しいです。	I hope you like it.
あなたが気に入っていた緑茶です。	It's the green tea you liked.
せんべいです。	It's a box of *sembei* crackers.
ご家族で召し上がってください。	Please share them with your family.
どうぞ受け取ってください。	Please have it./I'd like you to have it.
私の気持ちです。	It's my pleasure.
この旅行の記念に。	It'll be a remembrance of this trip.

手紙を渡す

英語で手紙 / カードを書きました。	I wrote you a letter/card in English.
間違いがあるかもしれませんが一生懸命書きました。	There may be mistakes, but I tried my best.
カードに住所と E メールアドレスを書いておきました。	I wrote my address and e-mail address on the card.

お礼に応える

どういたしまして。	You are welcome.
喜んで。	The pleasure is mine.
気に入っていただけてよかったです。	I'm glad you like it.
私 / 私たちのほうこそよくしていただきました。	You've been so nice to me/us.
あなたのやさしさと友情に感謝します。	We appreciate your kindness and friendship.

手紙・カードを渡されたら

それはご親切に！	How nice of you!
心づかいに感謝します。	How sweet.
とても嬉しいです。	I'm so happy.
どうもありがとう。	Thank you very much.

4 連絡を取り合うことを約束する

DISK 3　TRACK 65

連絡を取り合いましょう。	Let's keep in touch.
私の電話番号を教えます。	I'll give you my number.
あなたの電話番号を教えてください。	Please give me your number.
手紙を書いてください。	Please write to me.
私の住所はわかりますね。	You have my address.

あなたの住所を教えてください。	Can I have your address?
E メールは持っていますか。	Do you have e-mail?
E メールアドレスを交換しましょう。	Let's exchange e-mail addresses.
これは私の E メールアドレスです。	This is my e-mail address.
E メールを出します。	I'll e-mail you.
手紙を書きます。	I'll write to you.
一緒に撮った写真を送ります。	I'll send you the pictures we took together.

5 再来日の予定をたずねる・自分が相手の国を訪れる

DISK 3 TRACK 66

再来日の予定をたずねる

近いうちに来日の予定はありますか。	Any plans to visit Japan in the near future?
今度いつ日本に来ますか。	When are you coming to Japan again?
来るときは知らせてください。	Please let me know if you're coming.
また来てください。	Please come again.
また遊びに来てください。	Please visit us again.
ご主人 / 奥さま / ご家族も一緒に。	Bring your husband/wife/family.
いつでもうちに歓迎します。	You're always welcome at my place.

次回はうちに遊びに来てください。	Please come over to my place the next time.
違うところを案内します。	I'll take you to different places.
喜んで街案内いたします。	I'll be glad to show you around town.

「いつかあなたの国に行きたいです」

いつかあなたの国に行きたいです。	I hope to visit you someday.
私が行ったら案内していただけますか。	Could you show me around if I visit you?
そのときを楽しみにしています。	I'm looking forward to it.

⑥ 別れのあいさつ ·················· ◎ DISK 3　TRACK 67

ご家族へのあいさつ / 幸運・成功を祈る言葉

ご家族のみなさまによろしく。	Please say "Hi" to your family.
ご家族によろしくお伝えください。	Send my/our regards to your family. 注)「自分」の気持ちを伝えるときは my を、「私たちみんな」の気持ちを伝えるときは our を使います。
身体に気をつけてください。	Take good care of yourself.
勉強、がんばってください。	Good luck in your studies.
仕事、がんばってください。	Good luck in your work.
無理をしないように。	Try not to overwork.

幸運をお祈りします。	I wish you good luck.
心から応援しています。	I wish you the best of everything.

再会を誓う・別れのあいさつ

いろいろとありがとうございました。	Thank you for everything.
知り合えてよかったです。	It was a pleasure meeting you.
また会えるのを楽しみにしています。	Looking forward to seeing you again.
またあなたが日本に来る日を楽しみにしています。	I look forward to your next visit.
近いうちに会えるといいですね。	Hope to see you soon.
近いうちに会いましょう。	See you soon.
また会いましょう。	See you again.
お元気で。	Please take care.
さようなら。	Good-bye.

索引・INDEX

参考文献・REFERENCES

日本大百科全書	小学館	
世界大百科事典	平凡社	
日本の年中行事百科　　　①正月 民具で見る日本人のくらし　Q&A　②春　③夏	河出書房新社	岩井宏實監修
日本のこころ・年中行事 12 ヶ月 行事・行事食の由来と行い方、季節の花	グループ TKC	
やさしい仏像の見方	新潮社	西村公朝・飛鳥園
仏像の見方ハンドブック	池田書店	
かまくら子ども風土記	鎌倉市教育委員会	
私たちの鎌倉	鎌倉市教育委員会	
文化財探訪クラブ４　神社建築	山川出版社	濱島正士監修
お宮に行こう　神社の基礎知識	神社新報企画	
調べて学ぶ日本の伝統　①工芸（1）	大日本図書	大橋晧也監修
調べて学ぶ日本の伝統　④芸能	大日本図書	黒石陽子・丸茂祐佳・ 三浦裕子　監修

著者紹介

石津　奈々
いしず　なな

1968 年生まれ。高校 3 年間ハワイに留学。上智大学卒業。英語・日本語
教育に携わるかたわらフリーランスの翻訳家としても活躍中。鎌倉市在住。
著書に「CD BOOK 日常英会話パーフェクトブック」(ベレ出版)がある。

CD BOOK 海外からのゲストを日本に迎える英語表現集
かいがい　　　　　　　　　にほん　むか　　　えいごひょうげんしゅう

2002 年 4 月 25 日　　　初版発行

著者	石津 奈々 いしず なな
カバーデザイン	寺井 恵司
イラスト	末吉 陽子
DTP	WAVE 清水康広・中丸佳子

©Nana Ishizu 2002. Printed in Japan

発行者	内田　眞吾
発行・発売	ベレ出版 〒 162-0832 東京都新宿区岩戸町 12 レベッカビル TEL.03-5225-4790 FAX.03-5225-4795 振替 00180-7-104058
印刷	三松堂印刷株式会社
製本	根本製本株式会社

落丁本・乱丁本は小社編集部あてにお送りください。送料小社負担にてお取り替えします。
ISBN 4-939076-92-X C2082　　　　　　　　　　　編集担当　新谷友佳子